AUTHEN WE SAUCENREZEPTE

100 MÜHELOSE REZEPTE

HENRI MULLER

Alle Rechte vorbehalten.

Haftungsausschluss

Die enthaltenen Informationen sollen als umfassende Sammlung von Strategien dienen, über die der Autor dieses eBooks recherchiert hat. Zusammenfassungen, Strategien, Tipps und Tricks sind nur Empfehlungen des Autors. Das Lesen dieses eBooks garantiert nicht, dass die Ergebnisse genau den Ergebnissen des Autors entsprechen. Der Autor des eBooks hat alle zumutbaren Anstrengungen unternommen, um den Lesern des eBooks aktuelle und genaue Informationen zur Verfügung zu stellen. Der Autor und seine Mitarbeiter haften nicht für unbeabsichtigte Fehler oder Auslassungen. Das Material im eBook kann Informationen von Dritten enthalten. Materialien von Drittanbietern bestehen aus Meinungen, die von ihren Eigentümern geäußert wurden. Daher übernimmt der Autor des eBooks keine Verantwortung oder Haftung für Material oder Meinungen Dritter.

Sommario

EINFÜHRUNG 11

INFUSIERTE WEINE 13

   1.   Weißer Sangria-infundierter Wein 13

   2.   Orangen und Feigen in gewürztem Rotwein 15

   3.   Sternanis-Kaffee infundierter Wein 17

   4.   Rosen-, Erdbeer- und Traubenwein 19

   5.   Eisweinpfirsiche 21

   6.   Zitronen-Rosmarin-Wein 23

   7.   Hausgemachter Kiwi 25

   8.   Mangos in Wein (Tahiti) 27

   9.   Löwenzahnwein 29

   10.   Heißer Apfelwein 31

   11.   Heiße Cranberry-Weinschale am Kamin 33

   12.   Pfefferwein 35

   13.   Ananas in Portwein 37

   14.   Rhabarberwein 39

   15.   Glühwein (heißer Gewürzwein) 41

16. Cranberry-infundierter Wein 43

17. Himbeer-Minze-infundierter Wein 45

18. Liebesgetränkter Wein 47

19. Äpfel in Rotwein 49

20. Bajan Pfeffer Wein 51

21. Orangen-Dessertwein 53

22. Orange mit Rotweinsirup 55

23. Orangenwein (vin d'orange) 57

24. Ingwerwein 59

25. Glühwein 61

26. Weinkühler 63

27. Wein Eierlikör 65

28. Pfirsichweinkühler 67

INFUSIERTE DESSERTS 69

29. Obst- und Weinkompott 69

30. Schokoladentrüffel 71

31. Eis mit Erdbeeren 73

32. Melonenmousse in Muskatwein 75

33. Israelischer Wein- und Nusskuchen 77

34. Weinkekse 80

35. Stachelbeerweinfondue................................82

36. Kuchen & Weinpudding................................84

37. Rotwein und Blaubeergranita 86

38. Melonen-Heidelbeer-Coupé 88

39. Limettenkuchen mit Weincreme....................90

40. Matzoh-Weinbrötchen 92

41. Moustokouloura 94

42. Orangenwaffeln..96

43. Orangen-Mandel-Kuchen 98

44. Pflaumentorte mit Crème Fraiche 101

45. Rotwein Brownies 103

46. Vanille Panna Cotta 105

47. Weinkuchen 107

48. Zabaglione...110

49. Winterfrüchte in Rotwein..........................112

50. Zitronentee-Kuchen 114

INFUSIERTE HAUPTGERICHTE 116

1. Mit Wein und Safran angereicherte Muscheln
116

2. Jakobsmuscheln in Weinsauce 118

3. Griechisches Fleisch rollt in Weinsauce.........122

4. Linsen mit glasiertem Gemüse 124

5. Heilbutt in Gemüsesauce................................126

6. Kräuterwürste in Wein....................................128

7. Fisch rollt in Weißwein 130

8. Kräutertofu in Weißweinsauce........................133

9. Gegrillter Tintenfisch in Rotweinmarinade....135

10. Gebackene süße Kochbananen in Wein 137

11. Nudeln in Zitronen-Weißwein-Sauce...........139

12. Nudeln mit Muscheln in Wein.......................141

13. Rotwein Fettucine und Oliven 143

14. Orecchiette Pasta & Huhn............................145

15. Rindfleisch mit Portobello-Sauce.................147

16. Italienische Käse- und Rotweinwurst..........149

17. Pilze & Tofu in Wein 151

18. Aprikosenweinsuppe 153

19. Pilzsuppe mit Rotwein 155

20. Borleves (Weinsuppe) 157

21. Kirschweinsuppe 159

22. Dänische Apfelsuppe 161

23. Cranberry Wein Jello Salat 163

24. Dijon-Senf mit Kräutern und Wein 165

25. Wein infundierte Bucatini 167

26. Spargel in Wein 170

27. Senf, Wein marinierte Wildkoteletts 172

28. Hühnerflügel mit Weindressing 174

29. Oeufs en meurette 176

30. Rotwein-Pilz-Risotto 178

31. Rotwein Gazpacho 180

32. Reis & Gemüse in Wein 182

33. Baby Lachs gefüllt mit Kaviar 184

34. Knoblauch-Wein-Reis-Pilaw 186

35.   Baskische Lammleber mit Rotweinsauce.....188

36.   In Barolo-Wein geschmortes Rindfleisch ..190

37.   Geschmorte Scrod in Weißwein....................193

38.   Calamari in Umido...195

39.   Geschmorte Ochsenschwänze mit Rotwein 197

40.   Fisch im Weinauflauf 200

41.   Mit Wein angereicherte gegrillte
Schweinekoteletts..203

INFUSIERTE GETRÄNKE...205

42.   Mit grünem Tee übergossener Wein 205

43.   Erfrischender Wein Daiquiri.........................207

44.   Melonen-Erdbeer-Cocktail............................209

45.   Jeweled Wein schimmert...............................211

46.   Rosmarinwein & schwarzer Tee 213

47.   Earl Grey Tea Spritzer...................................215

48.   Mit Wein angereicherte heiße Schokolade 217

49.   Cranberry-Wein-Punsch 219

FAZIT 221

EINFÜHRUNG

Das Aufgießen mit Wein kann ein Vergnügen und eine Bereicherung für gutes Essen, Trinken und eine gute Mahlzeit sein! Wenn Wein erhitzt wird, verschwinden sowohl der Alkoholgehalt als auch die Sulfite, so dass nur die Essenz einen subtilen Geschmack verleiht.

Die erste und wichtigste Regel: Verwenden Sie in Ihrer Küche nur Weine oder Getränke, die Sie trinken würden. Verwenden Sie niemals Wein, den Sie NICHT TRINKEN WÜRDEN! Wenn Sie den Geschmack eines Weins nicht mögen, werden Sie das Gericht und die Getränke, in denen Sie ihn verwenden, nicht mögen.

Verwenden Sie nicht die sogenannten "Kochweine"! Diese Weine sind in der Regel salzig und enthalten andere Zusatzstoffe, die den Geschmack des von Ihnen gewählten Gerichts und Menüs beeinflussen. Der Prozess des Kochens / Reduzierens bringt das Schlimmste in einem minderwertigen Wein hervor.

Wein hat drei Hauptverwendungen in der Küche - als Marinadenzutat, als Kochflüssigkeit und als Aroma in einem fertigen Gericht.

Die Funktion des Weins beim Kochen besteht darin, den Geschmack und das Aroma von Lebensmitteln zu intensivieren, zu verbessern und hervorzuheben - nicht um den Geschmack dessen, was Sie kochen, zu maskieren, sondern um ihn zu stärken.

Für beste Ergebnisse sollte Wein nicht unmittelbar vor dem Servieren zu einem Gericht hinzugefügt werden. Der Wein sollte mit dem Essen oder der Sauce köcheln, um den Geschmack zu verbessern. Es sollte mit dem Essen oder in der Sauce köcheln, während es gekocht wird; Wenn der Wein kocht, reduziert er sich und wird zu einem Extrakt, der schmeckt.

Denken Sie daran, dass Wein nicht in jedes Gericht gehört. Mehr als eine Weinsauce in einer Mahlzeit kann eintönig sein. Verwenden Sie Wein kocht nur, wenn er etwas hat, um zum fertigen Gericht beizutragen.

INFUSIERTE WEINE

1. Weißer Sangria-infundierter Wein

Zutaten

- 1/2 Limette
- 1/2 Zitrone
- 1 Pfirsich
- 1/2 grüner Apfel
- 1,5 Tassen Wein

Richtungen:

a) Stellen Sie sicher, dass der Wein mindestens Raumtemperatur hat oder etwas wärmer ist.

b) Schrubben Sie die Außenseite von Limette und Zitrone leicht und entfernen Sie die Schale mit einem Gemüseschäler oder -schale. Stellen Sie sicher, dass sich auch wenig bis gar kein Mark löst, und entfernen Sie alle mit einem Schälmesser. Schrubben Sie die Außenseite des Apfels leicht, entkernen Sie ihn dann und würfeln Sie ihn grob. Schrubben Sie die Außenseite des Pfirsichs leicht, entfernen Sie dann die Grube und würfeln Sie das Fleisch grob.

c) Alle Zutaten mit dem Wein in den Schlagsiphon geben. Verschließen Sie den Schlagsiphon, laden Sie ihn auf und schwenken Sie ihn 20 bis 30 Sekunden lang. Lassen Sie den Siphon eineinhalb Minuten länger sitzen. Legen Sie ein Handtuch über den Siphon und entlüften Sie ihn. Öffnen Sie den Siphon und warten Sie, bis das Sprudeln aufhört.

d) Falls gewünscht, den Wein abseihen und vor der Verwendung mindestens 5 Minuten ruhen lassen.

2. Orangen und Feigen in gewürztem Rotwein

Zutat

- 2 Tassen Rotwein

- 1 Tasse Zucker

- 1 Stück Zimtstange

- 4 Sternanis; zusammengebunden mit

- 4 Kardamomkapseln; zusammengebunden mit

- 2 Ganze Nelken

- 6 große Nabel Orangen; geschält

- 12 Getrocknete Feigen; halbiert

- ⅓ Tasse Walnüsse oder Pistazien; gehackt

a) Kombinieren Sie Wein, Zucker und Bouquet garni in einem Topf, der groß genug ist, um die Orangen und Feigen in einer Schicht zu enthalten. Bei mäßiger Hitze abgedeckt köcheln lassen.

b) Die Feigen dazugeben und 5 Minuten köcheln lassen. Fügen Sie die Orangen hinzu und drehen Sie sie für 3 bis 4 Minuten, drehen Sie sie, damit sie gleichmäßig kochen.

c) Schalten Sie die Heizung aus und lassen Sie die Orangen und Feigen im Sirup abkühlen. Obst in eine Schüssel geben. Den Sirup halbieren und abkühlen lassen. Bouquet garnieren und Sirup über Feigen und Orangen geben.

3. Sternanis-Kaffee infundierter Wein

Zutaten

Für den mit Kaffee angereicherten Rotwein

- 5 Esslöffel geröstete Kaffeebohnen
- 1 750 ml Flasche trockener italienischer Rotwein
- 1 Tasse Wasser
- 1 Tasse Turbinadozucker
- 12 Stern Anis

Für den Cocktail

- 3 Unzen kaffee-infundierter Rotwein
- 1 Unze Cocchi Vermouth di Torino, gekühlt
- 2 Teelöffel Sternanissirup
- 2 Striche Fee Brothers Aztec Bitter
- Eis (optional)
- Garnierung: Zimtstange oder Zitronenlocke

Richtungen

a) Für den mit Kaffee angereicherten Rotwein: Kaffeebohnen in die Flasche Wein geben, mit einem Stopfen verschließen und 24 Stunden bei Raumtemperatur ziehen lassen. Vor Gebrauch abseihen.

b) Für den Sternanissirup: Wasser, Zucker und Sternanis zum Kochen bringen und umrühren, bis sich der Zucker aufgelöst hat. Vom Herd nehmen und 30 Minuten ziehen lassen. Abseihen und abkühlen lassen.

c) Für jedes Getränk: In einem Weinglas mit Kaffee angereicherten Wein, Cocchi-Wermut, Sternanissirup und Schokoladenbitter umrühren. Falls gewünscht, Eis hinzufügen und garnieren.

4. Rosen-, Erdbeer- und Traubenwein

ZUTATEN

- 100 g Erdbeeren, geschält und in Scheiben geschnitten
- 1 mittelrote Grapefruit, in Runden geschnitten
- 1 Hagebuttenzweig, optional (wenn in der Saison)
- 1 TL Rosenwasser

- 700ml Rosé Rouge Wein

Richtungen:

a) Erdbeeren, geschnittene Grapefruit und Rosenwasser in ein sterilisiertes 1-Liter-Glas oder eine Flasche geben und über den Rosé gießen. Verschließen Sie das Glas fest und lagern Sie es über Nacht im Kühlschrank. Schütteln Sie das Glas gelegentlich vorsichtig, um die Aromen zu verfeinern.

b) Wenn Sie bereit sind zu dienen, passieren Sie den Rosé durch ein feinmaschiges Sieb, das mit Musselin oder einem sauberen J-Tuch ausgekleidet ist, in einen großen Krug und werfen Sie die Früchte weg.

c) Zum Servieren einer Menge Rosen-, Erdbeer- und Rotgrapefruitwein Sprudelwasser hinzufügen und mit Rosenblättern garnieren. Für einen Rosen-Aperol-Spritz 200 ml Rosé mit 25 ml Aperol mischen und mit einer Scheibe Grapefruit garnieren.

5. Eisweinpfirsiche

ZUTATEN

- 6 frische Pfirsiche, gehäutet, entkernt und halbiert
- ½ Tasse Zucker (125 ml)
- 1 Tasse Eiswein (250 ml)
- 1 Tasse Wasser (250 ml)

RICHTUNGEN

a) In einer Saucenpfanne 1 Tasse Wasser, Zucker und
    Eiswein vermischen und bei schwacher Hitze
    köcheln lassen, bis sich der Zucker aufgelöst hat.
    Den Sirup weitere 3 Minuten kochen, die Hitze
    abnehmen und beiseite stellen, bis er gebraucht
    wird.

b) In eine Glasschüssel die Pfirsichhälften legen und
    Eisweinsirup darüber gießen und im Kühlschrank
    aufbewahren, damit sich die Aromen vermischen
    können.

c) Gekühlt in einer kleinen Schüssel servieren und mit
    etwas Puderzucker garnieren.

6. Zitronen-Rosmarin-Wein

Zutaten

- 1 Flasche Weißwein Ich würde Sauvignon Blanc, Pinot Gris, Pinot Grigio oder Riesling verwenden
- 4 Zweige frischer Rosmarin
- 3-4 lange Zitronenschalenstücke, die versuchen, das weiße Mark nicht darauf zu bekommen

Richtungen:

a) Öffnen Sie Ihre Flasche Wein oder verwenden Sie die Flasche, die seit einigen Tagen in Ihrem Kühlschrank ist.

b) Reinigen und trocknen Sie Ihre Kräuter (in diesem Fall Rosmarin).

c) Entfernen Sie mit einem Gemüseschäler 4-5 lange Stücke Zitronenschale, und achten Sie darauf, dass Sie nicht zu viel vom weißen Pech bekommen.

d) Rosmarin und Zitronenschale in die Weinflasche geben.

e) Fügen Sie einen Korken hinzu und legen Sie ihn über Nacht bis zu mehreren Tagen in Ihren Kühlschrank.

f) Zitronenschale und Kräuter wegwerfen.

g) Trink den Wein.

7. Hausgemachter Kiwi

Zutat

- 75 Reife Kiwi

- 2 Pfund   Rote Trauben, gefroren

- 12 Unzen 100% Traubenkonzentrat

- 10 Pfund Zucker

- 2 Packungen   Hefe

a) Kiwi schälen, mit aufgetauten Trauben zerdrücken,
   Zucker in Glasballon geben, vollständig auflösen,

Fruchtpüree, Traubenkonzentrat, Wasser (ca. 4 Gallonen) und Hefe hinzufügen.

b) Gären wie gewohnt. Dies ist nur der erste Geschmack

8. Mangos in Wein (Tahiti)

Zutat

- 12 Reife Mangos

- ⅔Liter   Rotwein

- 130 Gramm   Rizinuszucker

- 2   Schoten frische Vanille

a)   Entfernen Sie die Haut von den Mangos und schneiden Sie sie in zwei Teile, wobei Sie die Samen entfernen.

b)   Mit der hohlen Seite nach oben in eine große Schüssel geben und mit Wein bedecken.

c)   Fügen Sie Zucker und Vanilleschoten hinzu. 45 Minuten backen, abkühlen lassen und dann vor dem Servieren gut abkühlen lassen.

9. Löwenzahnwein

Zutat

- 4 Liter   Löwenzahnblüten

- 4 Liter   Kochendes Wasser

- 6 Orangen

- 4 Zitronen

- 2 Hefekuchen

- 4 Pfund   Zucker

a) Die Blüten im kochenden Wasser anbrühen und über Nacht stehen lassen. Am nächsten Morgen abseihen, das Fruchtfleisch und den Saft von 6 Orangen, den Saft von 4 Zitronen, die Hefe und den Zucker hinzufügen. 4 Tage gären lassen, dann abseihen und abfüllen. In kleinen Gläsern bei Raumtemperatur servieren.

10. Heißer Apfelwein

Zutat

- ½ Tasse   Rosinen

- 1 Tasse   Licht Rum

- 6 Tassen Apfelwein oder harter Apfelwein

- 2 Tassen Orangensaft

- ⅓ Tasse   brauner Zucker

- 6 Ganze Nelken

- 2 Zimtstangen

- 1 Orange, Scheibe

a) In einer kleinen Schüssel die Rosinen mehrere Stunden oder über Nacht in Rum einweichen.

b) In einem großen Topf alle Zutaten vermischen und unter häufigem Rühren erhitzen, bis sich der Zucker aufgelöst hat. Vorsichtig köcheln lassen, bis es heiß ist. Nicht kochen. In hitzebeständigen Lochbechern oder Bechern servieren. Macht 9 Tassen

11. Heiße Cranberry-Weinschale am Kamin

Zutat

- 4,00 Tasse   Cranberry-Saft-Cocktail

- 2,00 Tasse   Wasser

- 1,00 Tasse   Zucker

- 4,00 Zoll Stick Zimt

- 12.00 Gewürznelken, ganz

- 1,00 1/2 Zitrone schälen, einschneiden

- 1,00 Streifen

- 2.00 Fünftel des trockenen Weins

- ¼ Tasse Zitronensaft

a) Cranberrysaft, Wasser, Zucker, Zimt, Nelken und Zitronenschale in einer Saucenpfanne vermischen. Zum Kochen bringen und umrühren, bis sich der Zucker aufgelöst hat.

b) Unbedeckt köcheln lassen, 15 Minuten abseihen. Wein und Zitronensaft hinzufügen, gründlich erhitzen, aber NICHT kochen. Streuen Sie Muskatnuss auf jede Portion, falls gewünscht.

12. Pfefferwein

Zutat

- 6 Pfeffer, rot, scharf; frisch
- 1 Pint Rum, leicht

a)   Die ganzen Paprikaschoten in ein Glas geben und
     den Rum (oder trockenen Sherry) einfüllen. Mit
     dem Deckel fest abdecken und 10 Tage vor
     Gebrauch stehen lassen.

b)   Verwenden Sie ein paar Tropfen in Suppen oder
     Sauce. Pfefferessig wird auf die gleiche Weise
     hergestellt.

c)   Wenn keine frischen Paprikaschoten verfügbar sind,
     können ganze, heiß getrocknete Paprikaschoten
     verwendet werden.

13. Ananas in Portwein

Zutat

- 1 Medium Ananas, gereinigt (ca. 2-1 / 2 lbs)

- Fein geschnittene Schale von 1 Orange

- Fein geschnittene Schale von 1/2 Grapefruit

- 4 Esslöffel   Hellbrauner Zucker oder nach Geschmack

- $\frac{3}{4}$ Tasse   Ananassaft

- $\frac{1}{2}$ Tasse   Hafen

a) Dies ist eine besonders gute Behandlung für eine Ananas, die sich als nicht so süß herausstellt, wie sie sein sollte. Je besser der Hafen, desto besser das Dessert. Machen Sie dieses Dessert einen Tag im Voraus für den besten Geschmack.

b) Die Ananas schälen, in Scheiben schneiden und entkernen und in 1-Zoll-Würfel oder dünne Scheiben schneiden. In der Pfanne die Schalen, den Zucker und den Ananassaft kochen. 5 Minuten kochen lassen, bis die Schalen weich sind. Während die Flüssigkeit noch warm ist, fügen Sie die Ananasstücke hinzu und rühren Sie den Port ein.

c) Mindestens 8 Stunden oder über Nacht im Kühlschrank lagern. Vor dem Servieren auf Raumtemperatur kommen lassen, da sonst die Aromen verloren gehen.

14. Rhabarberwein

Zutat

- 3 Pfund   Rhabarber

- 3 Pfund   weißer Zucker

- 1 Teelöffel   Hefenährstoff

- 1 Gallone Heißes Wasser (muss nicht kochen)

- 2   Campden Tabletten (zerkleinert)

- Weinhefe

a) Zerhacken Sie Ihre Rhabarberstiele und frieren Sie sie einige Tage in Plastiktüten ein, bevor Sie den Wein herstellen. Ich verstehe wirklich nicht, warum dies einen Unterschied machen sollte, aber es tut es. Wenn Sie frischen Rhabarber verwenden, kommt der Wein nie so gut heraus.

b) Du musst Geduld haben. Rhabarberwein kann mit acht Monaten uninteressant und mit zehn Monaten wirklich gut schmecken. Du musst es weich werden lassen.

c) Verwenden Sie gefrorenen geschnittenen Rhabarber. Geben Sie es zusammen mit dem Zucker in den Primärfermenter. Abdecken und 24 Stunden stehen lassen. Fügen Sie das heiße Wasser hinzu, mischen Sie alles zusammen und geben Sie den Rhabarber heraus.

d) Geben Sie die Flüssigkeit wieder in den Primärfermenter und geben Sie den Rest der Zutaten hinzu, wenn es lauwarm ist.

e) Abdecken und drei oder vier Tage gären lassen. Dann saugen Sie die Flüssigkeit in Gallonenkrüge mit Fermentationsschlössern.

15. Glühwein (heißer Gewürzwein)

Zutat

- ¼ Liter Weiß- oder Rotwein (1 Tasse plus 1 EL) 6 Zuckerwürfel oder nach Geschmack

- je 1   Eine ganze Nelke

- 1 klein   Stück Zitronenschale

- Ein wenig Zimtstange

Alle Zutaten mischen und bis zum Siedepunkt erhitzen. In ein vorgewärmtes Glas gießen, Glas in eine Serviette einwickeln und sofort servieren.

16. Cranberry-infundierter Wein

Zutat

- 2 c. trockener Weißwein wie Sauvignon Blanc oder Chardonnay
- 1 c. frische oder gefrorene aufgetaute Preiselbeeren

Richtungen

a) Wein und Preiselbeeren in einen Behälter mit dicht
    schließendem Deckel geben.

b) Abdecken und einige Male schütteln. Über Nacht
    bei Raumtemperatur stehen lassen. Vor Gebrauch
    abseihen; Preiselbeeren wegwerfen.

17. Himbeer-Minze-infundierter Wein

Zutaten

- 1 Tasse frische Himbeeren
- 1 kleines Bündel frische Minze
- 1 Flasche Weißwein trocken oder süß, was auch immer Sie bevorzugen

Richtungen:

a) Die Himbeeren und die Minze in ein viertelgroßes Glas geben. Mit einem Löffel die Himbeeren leicht zerdrücken.

b) Gießen Sie die gesamte Flasche Wein über die Himbeeren und die Minze, decken Sie sie mit einem Deckel ab und stellen Sie sie an einen ruhigen Ort in Ihrer Küche.

c) Die Infusion 2-3 Tage ziehen lassen, dann die Himbeeren und die Minze mit einem feinmaschigen Sieb abseihen und genießen!

18. Liebesgetränkter Wein

Zutaten

- 1 Glas 1 Liter oder 1 Liter Größe
- 2 TL Zimtpulver oder 2 Zimtstangen
- 3 TL Ingwerwurzelpulver oder frische Ingwerwurzel geschält etwa 1 cm lang
- Option 1 - 1 Zoll Stück Vanilleschote oder 1 TL Vanilleextrakt
- oder Option 2 - 2 Kardamomkapseln + 2 Sternanis

- 3 Tassen Rotwein oder eine 750 ml Flasche

Richtungen:

a) Den Rotwein in das Glas geben

b) Fügen Sie die Kräuterkomponenten hinzu

c) Umrühren, um die Zutaten zu mischen.

d) Setzen Sie den Deckel auf das Glas. 3-5 Tage in einen kühlen, dunklen Schrank stellen.

e) Gut (oder 2x) in ein anderes Glas oder eine hübsche Glaskaraffe abseihen. Es ist fertig!!!

19. Äpfel in Rotwein

Zutat

- 1 Kilogramm   Äpfel (2 1/4 lb) Sie BRAUCHEN
  einen Apfel, der beim Kochen seine Form behält !!

- 5 Deziliter   Rotwein (1 Pint)

- 1   Zimtstange

- 250 Gramm   Zucker (9 oz)

a) Zehn Stunden im Voraus Wein, Zimt und Zucker bei starker Hitze 10 Minuten lang in einem breiten, flachen Topf kochen.

b) Schälen Sie die Äpfel und schneiden Sie sie mit einem Melonenballer mit einem Durchmesser von etwa $2\frac{1}{2}$ cm in kleine Kugeln.

c) Werfen Sie die Apfelbällchen in den heißen Wein. Sie sollten sich nicht überlappen: Deshalb benötigen Sie eine breite, flache Pfanne. 5 bis 7 Minuten köcheln lassen und mit Aluminiumfolie bedeckt, damit sie nicht unter Wasser bleiben.

d) Wenn die Äpfel gekocht, aber noch fest sind, nehmen Sie die Pfanne vom Herd. Lassen Sie die Apfelbällchen ca. 10 Stunden im Rotwein mazerieren, um eine gute rote Farbe anzunehmen.

e) Servieren: gut gekühlt, mit einer Kugel Vanilleeis oder in einer Auswahl an kalten Fruchtdesserts.

20. Bajan Pfeffer Wein

Zutat

- 18 "Weinpaprika" oder eine ähnliche Menge der winzigen roten Paprika

- Barbados weißer Rum

- Sherry

a) Entfernen Sie die Stängel von den Paprikaschoten und geben Sie sie in eine Flasche. Decken Sie sie dann mit Rum ab und lassen Sie sie zwei Wochen lang stehen.

b) Abseihen und mit Sherry auf die gewünschte "Schärfe" verdünnen.

21. Orangen-Dessertwein

Zutat

- 5 Stück   Orangen, Louisiana Naval

- 2 Stück   Zitronen

- 5 Liter   Wein, trockenes Weiß

- 2 Pfund   Zucker

- 4 Tassen Brandy

- je 1 Vanilleschote

- je 1 Stück (1/2) Orangenschale, trocken

a) Die Schalen der Orangen und Zitronen reiben und aufbewahren. Die Früchte vierteln und in einen Demi-John oder einen anderen großen Behälter (Topf oder Glas) geben.

b) Gießen Sie den Wein hinein und fügen Sie dann die geriebenen Schalen, den Zucker, den Brandy, die Vanilleschote und das Stück getrocknete Orangenschale hinzu.

c) Verschließen Sie das Glas und lagern Sie es 40 Tage lang an einem kühlen, dunklen Ort. Durch Stoff und Flasche abseihen. Gekühlt servieren.

22. Orange mit Rotweinsirup

Zutat

- 2 Tassen Rotwein mit vollem Geschmack

- ½ Tasse) Zucker

- 1   3 "Stück Zimtstange

- 2 Medien Honigmelonen oder Kantalupen mit Orangenfleisch

a) Kombinieren Sie in einem mittelgroßen, nicht reaktiven Topf Wein, Zucker und Zimt. Bei starker Hitze zum Kochen bringen und ca. 12 Minuten kochen lassen, bis sie halbiert sind.

b) Entfernen Sie den Zimt und lassen Sie den Sirup auf Raumtemperatur abkühlen

c) Die Melonen kreuzweise halbieren und die Samen wegwerfen. Schneiden Sie eine dünne Scheibe vom Boden jeder Melonenhälfte so ab, dass sie aufrecht sitzt, und legen Sie jede Hälfte auf einen Teller.

d) Gießen Sie den Rotweinsirup in die Melonenhälften und servieren Sie ihn mit großen Löffeln.

23. Orangenwein (vin d'orange)

Zutat

- 3 Marine Orangen; halbiert

- 1 Tasse   Zucker

- 1 Viertel Weißwein

- 2 Medien Marine Orangen

- 20 Ganze Nelken

a) In einem Topf bei mittlerer Hitze die Orangenhälften in den Topf drücken, die gepressten Orangen und den Zucker hinzufügen. Zum Kochen bringen, Hitze reduzieren und 5 Minuten köcheln lassen. Vom Herd nehmen und vollständig abkühlen lassen.

b) In ein $1\frac{1}{2}$-Liter-Glas abseihen und die Orangen mit der Rückseite eines Löffels andrücken, um den gesamten Saft freizusetzen. Wein einrühren. Die Nelken in die ganzen Orangen stecken. Die Orangen halbieren und in das Glas geben.

c) Befestigen Sie den Deckel fest und lassen Sie ihn mindestens 24 Stunden und bis zu 1 Monat ruhen.

24. Ingwerwein

Zutat

- ¼ Pfund Ingwer
- 4 Pfund DC Zucker
- 1 Gallone Wasser

- 2 Teelöffel   Hefe
- ½ Pfund Trockenfrüchte
- ½ Unze Streitkolben

a)   Ingwer zerdrücken und in ein Glas geben. Alle anderen Zutaten hinzufügen und 21 Tage ruhen lassen.

b)   Abseihen und abfüllen.

25. Glühwein

Werkzeuge, die Sie brauchen.

- Zitruspresse
- Weinflaschenöffner
- Scharfes Messer
- Großer Topf
- Sieb
- Tassen

Zutaten

- 1 Flasche Rotwein
- 2 Orangen
- 3 Zimtstangen
- 5-Sterne-Anis
- 10 ganze Nelken
- 3/4 Tasse brauner Zucker

Richtungen:

a) Alle Zutaten außer den Orangen in einen mittelgroßen Topf geben.

b) Mit einem scharfen Messer oder Schäler die Hälfte einer Orange schälen. Vermeiden Sie es, so viel Mark (weißer Teil) wie möglich zu schälen, da es einen bitteren Geschmack hat.

c) Die Orangen entsaften und zusammen mit der Orangenschale in den Topf geben.

d) Bei mittlerer Hitze die Mischung erwärmen, bis sie nur noch dämpft. Reduzieren Sie die Hitze auf einen niedrigen Wert. 30 Minuten erhitzen, damit die Gewürze hineingießen können.

e) Den Wein abseihen und in hitzebeständige Tassen servieren.

26. Weinkühler

Zutat

- 1,00 Portion

- $\frac{3}{4}$ Tasse Limonade

- $\frac{1}{4}$ Tasse Trockener Rotwein

- Zweig Minze

- Maraschino-Kirsche

a)   Dies macht ein farbenfrohes und erfrischendes Getränk, wenn die Flüssigkeiten nicht miteinander vermischt werden. Gießen Sie die Limonade über zerstoßenes Eis und fügen Sie dann den Rotwein hinzu.

b)   Mit einem Zweig Minze und einer Kirsche garnieren. Gut für heiße Tage.

27. Wein Eierlikör

Ausbeute: 20 Portionen

Zutat

- 4,00 Eiweiß

- 1 Fünfter trockener Weißwein

- ½ Tasse frischer Zitronensaft

- 1,00 Esslöffel   Zitronenschale; gerieben

- 1,00 Tasse Honig

- 6,00 Tasse Milch

- 1,00 Liter Halb und halb

- 1,00 Muskatnuss; frisch gerieben

a) Eiweiß steif schlagen und beiseite stellen. Kombinieren Sie Wein, Zitronensaft, Schale und Honig in einem großen Topf. Unter Rühren erhitzen, bis es warm ist, dann langsam Milch und Sahne hinzufügen.

b) Weiter erhitzen und rühren, bis die Mischung schaumig ist; vom Herd nehmen. Eiweiß unterheben und in Bechern mit einer Prise Muskatnuss darüber servieren.

28. Pfirsichweinkühler

Zutat

- 16 Unzen Ungesüßte Pfirsiche; aufgetaut

- 1 Viertel Pfirsichsaft

- 750 Milliliter   Trockener Weißwein; = 1 Flasche

- 12 Unzen Aprikosennektar

- 1 Tasse   Zucker

a) In einem Mixer oder einer Küchenmaschine
    Pfirsiche pürieren. Kombinieren Sie in einem
    Behälter Pfirsiche und die restlichen Zutaten.

b) Abdecken und 8 Stunden oder über Nacht kalt
    stellen, damit sich die Aromen vermischen können.
    Im Kühlschrank lagern. Gekühlt servieren.

INFUSIERTE DESSERTS

29. Obst- und Weinkompott

Zutat

- 4 kleine   Birnen

- 1   Orange

- 12 Feuchte Pflaumen

- A 2,5 cm; (1 Zoll) Stick; Zimt

- 2   Koriandersamen

- 1   Nelke

- $\frac{1}{4}$ Lorbeerblatt; (Optional)

- $\frac{1}{3}$ Vanilleschote

- 4 Esslöffel   Rizinuszucker

- $1\frac{1}{2}$ Tasse Guter Rotwein

a) Birnen schälen, waschen und Orange in $\frac{1}{2}$ cm ($\frac{1}{4}$ in) Scheiben schneiden.

b) Legen Sie die Birnen vorsichtig mit dem Stiel in den Topf. Legen Sie die Pflaumen zwischen die Birnen und fügen Sie Zimt, Koriandersamen, Nelke, Lorbeerblatt, Vanille und Rizinuszucker hinzu.

c) Top mit Orangenscheiben und Wein hinzufügen. Fügen Sie bei Bedarf Wasser hinzu, damit gerade genug Flüssigkeit vorhanden ist, um die Früchte zu bedecken.

d) Zum Kochen bringen, zum Kochen bringen und die Birnen 25 bis 30 Minuten pochieren, bis sie weich sind. Obst in Flüssigkeit abkühlen lassen.

e) Entfernen Sie die Gewürze und servieren Sie Obst und Flüssigkeit aus einem attraktiven Servierteller.

30. Schokoladentrüffel

Zutaten

- 1 halbsüße Schokoladenstückchen im 10-Unzen-Beutel
- 1/2 Tasse schwere Schlagsahne
- 1 Esslöffel ungesalzene Butter
- 2 Esslöffel Rotwein
- 1 Teelöffel Vanilleextrakt
- Toppings: zerkleinerte geräucherte Mandeln, Kakaopulver, geschmolzene Schokolade und Meersalz

Richtungen:

a) Schokolade zerhacken: Egal, ob Sie einen Schokoladenblock oder Schokoladenstückchen verwenden, Sie möchten sie zerhacken, damit sie leichter schmelzen. Siehe Hinweise zur Fehlerbehebung. Legen Sie die gehackte Schokolade in eine große Schüssel aus Edelstahl oder Glas.

b) Sahne und Butter erhitzen: Sahne und Butter in einem kleinen Topf bei mittlerer Hitze erhitzen, bis sie zu kochen beginnen.

c) Sahne mit Schokolade kombinieren: Sobald die Flüssigkeit zu kochen beginnt, gießen Sie sie sofort in die Schüssel über die Schokolade.

d) Zusätzliche Flüssigkeiten hinzufügen: Vanille und Wein hinzufügen und glatt rühren.

e) Kühlen / Kühlen: Decken Sie die Schüssel mit Plastikfolie ab und stellen Sie sie etwa eine Stunde lang in den Kühlschrank (oder 30 Minuten bis 1 Stunde im Gefrierschrank), bis die Mischung fest ist.

f) Trüffel rollen: Sobald die Trüffel abgekühlt sind, schöpfen Sie sie mit einem Melonenballer heraus und rollen Sie sie mit Ihren Händen. Das wird chaotisch!

g) Dann beschichten Sie sie mit Ihren gewünschten Belägen. Ich liebe zerkleinerte geräucherte Mandeln, Kakaopulver und geschmolzene gehärtete Schokolade mit Meersalz.

31. Eis mit Erdbeeren

Zutat

- 2 Pints Erdbeeren
- ¼ Tasse Zucker
- ⅓ Tasse Trockener Rotwein
- 1 Ganze Zimtstange
- ⅛ Teelöffel Pfeffer, frisch gemahlen
- 1 Pint Vanilleeis

- 4 Zweige frische Minze zum Garnieren

a) Wenn die Erdbeeren klein sind, halbieren Sie sie. Wenn groß, in Viertel schneiden.

b) Kombinieren Sie Zucker, Rotwein und Zimtstange in einer großen Pfanne; Bei mittlerer Hitze ca. 3 Minuten kochen, bis sich der Zucker aufgelöst hat. Fügen Sie Erdbeeren und Pfeffer hinzu; kochen, bis die Beeren leicht weich werden, 4 bis 5 Minuten.

c) Vom Herd nehmen, Zimtstange entfernen und Beeren und Sauce auf die Gerichte verteilen. Auf Wunsch mit Vanilleeis und einem Zweig Minze servieren.

32. Melonenmousse in Muskatwein

Zutat

- 11 Unzen Melonenfleisch; Galia bevorzugt

- $\frac{1}{2}$ Tasse süßer Muskatwein

- $\frac{1}{2}$ Tasse) Zucker

- 1 Tasse Sahne

- $\frac{1}{2}$ Tasse) Zucker

- $\frac{1}{2}$ Tasse Wasser

- Verschiedene Früchte

- $1\frac{1}{2}$ Esslöffel Gelatine

- 2 Eiweiß

- 2 Tassen süßer Muskatwein

- 1 Zimtstange

- 1 Vanilleschote

a) In einem Mixer das Melonenfleisch zu einem glatten Püree verarbeiten.

b) Gelatine und $\frac{1}{2}$ Tasse Muskatwein in eine kleine Pfanne geben und zum Kochen bringen. Gut mischen, um sicherzustellen, dass die Gelatine vollständig aufgelöst ist. Die Gelatinemischung zur pürierten Melone geben und gut mischen. Über eine Schüssel voller Eiswürfel stellen.

c) In der Zwischenzeit das Eiweiß schlagen und den Zucker allmählich hinzufügen, bis es dick ist. Übertragen Sie die Mousse in eine Schüssel.

d) Für die Sauce Zucker und Wasser in eine mittelgroße Pfanne geben, zum Kochen bringen und bei schwacher Hitze kochen, bis sie dickflüssig und goldbraun werden. Fügen Sie 2 Tassen Muskatwein, Zimtstange, Vanilleschote und einen Streifen Orangenschale hinzu. Kochen.

33. Israelischer Wein- und Nusskuchen

Zutat

- 8 Eier

- 1½ Tasse Kristallzucker

- ½ Teelöffel   Salz

- ¼ Tasse   Orangensaft

- 1 Esslöffel   Orangenschale

- $\frac{1}{4}$ Tasse   Roter Pessachwein

- $1\frac{1}{4}$ Tasse Matzoh Kuchen Mahlzeit

- 2 Esslöffel   Kartoffelstärke

- $\frac{1}{2}$ Teelöffel   Zimt

- ⅓ Tasse   Mandeln; sehr fein gehackt

a) Nach und nach $1\frac{1}{4}$ Tassen Zucker und Salz in die Eigelbmischung schlagen, bis sie sehr dick und hell sind. Fügen Sie Orangensaft, Rinde und Wein hinzu; Mit hoher Geschwindigkeit ca. 3 Minuten schlagen, bis sie dick und leicht sind.

b) Mahlzeit, Kartoffelstärke und Zimt zusammen sieben; allmählich unter die orange Mischung heben, bis alles glatt vermischt ist. Eiweiß mit höchster Geschwindigkeit schlagen, bis das Weiß in Spitzen steht, aber nicht trocken ist.

c) Baiser leicht unterheben. Nüsse vorsichtig unter den Teig heben.

d) In eine ungefettete 10-Zoll-Röhrenpfanne verwandeln, deren Boden mit Wachspapier ausgekleidet ist.

e) Bei 325 Grad backen.

34. Weinkekse

Ausbeute: 12 Portionen

Zutat

- $1\frac{1}{4}$ Tasse Mehl

- 1 Prise   Salz

- 3 Unzen   Verkürzung; (Oleo)

- 2 Unzen   Zucker

- 1 Ei

- ¼ Tasse   Sherry; Bis 1/3 C oder irgendein Wein

a) Bereiten Sie sich wie normale Kekse vor, dh: Kombinieren Sie trockene Zutaten und schneiden Sie sie in Oleo. Kombinieren Sie Ei und Sherry und mischen Sie, um einen weichen Teig zu bilden.

b) Auf einer bemehlten Oberfläche ausklopfen. Mit einem Keksausstecher schneiden, auf Backbleche legen und mit etwas Zucker oder Mehl bestreuen. Backen Sie 350, 8 bis 10 Minuten.

35. Stachelbeerweinfondue

Zutat

- 1½ Pfund Stachelbeeren; gekrönt und beschattet

- 4 Unzen Puderzucker (granuliert)

- ⅔ Tasse Trockener Weißwein

- 2 Teelöffel Maismehl (Maisstärke)

- 2 Esslöffel Einzelne (leichte) Creme

- Brandy schnappt

a) Reserviere ein paar Stachelbeeren für die Dekoration und gib den Rest durch ein Sieb, um ein Püree zu machen.

b) In einem Fonduetopf Maismehl glatt mit Sahne mischen. Stachelbeerpüree einrühren, dann unter häufigem Rühren glatt und dick erhitzen.

c) Mit reservierten Stachelbeeren dekorieren und mit Brandy Snaps servieren.

36. Kuchen & Weinpudding

Zutat

- Makronen

- 1 Pint Wein

- 3 Eigelb

- 3 Eiweiß

- Biskuitkuchen

- Frauenfinger

- 1 Teelöffel Maisstärke

- 3 Teelöffel Zucker

- ½ Tasse Nüsse, gehackt

a) Legen Sie Stücke von Biskuit, Lady Fingers oder ähnlichem Kuchen in eine Tonschale (füllen Sie etwa ½ voll). Fügen Sie ein paar Makronen hinzu. Den Wein erhitzen. Maisstärke und Zucker mischen und langsam den Wein hinzufügen.

b) Das Eigelb schlagen und zur Weinmischung geben. 2 Minuten kochen lassen. Über den Kuchen gießen und abkühlen lassen. Nach dem Abkühlen mit dem steif geschlagenen Eiweiß bedecken und mit dem gehackten Nussfleisch bestreuen.

c) Backen Sie bei 325-F für ein paar Minuten, um zu bräunen. Kalt servieren

37. Rotwein und Blaubeergranita

Zutat

- 4 Tassen frische Blaubeeren

- 2 Tassen Zuckersirup

- 2 Tassen Burgunder oder trockener Rotwein

- $4\frac{1}{2}$ Tasse Zucker

- 4 Tassen Wasser

a) Blaubeeren in einen großen Topf mit Sieb abseihen und Feststoffe verwerfen. Fügen Sie Sirup und Wein hinzu, bringen Sie die Mischung zum Kochen, reduzieren Sie die Hitze und lassen Sie sie unbedeckt 3-4 Minuten köcheln. Gießen Sie die Mischung in eine quadratische 8-Zoll-Schale, decken Sie sie ab und frieren Sie sie mindestens 8 Stunden lang oder bis sie fest ist ein.

b) Nehmen Sie die Mischung aus dem Gefrierschrank und kratzen Sie die gesamte Mischung mit den Zinken einer Gabel ab, bis sie flockig ist. Löffel in einen Behälter; abdecken und bis zu einem Monat einfrieren.

c) Grundlegender Zuckersirup: In einem Topf unter gutem Rühren vermischen. Zum Kochen bringen, kochen, bis sich der Zucker aufgelöst hat.

38. Melonen-Heidelbeer-Coupé

Zutat

- 1½ Tasse trockener Weißwein

- ½ Tasse) Zucker

- 1   Vanilleschote; in Längsrichtung teilen

- 2⅓Tasse Cantaloupe-Würfel; (ungefähr 1/2 Melone)

- 2⅓Tasse Honigtauwürfel

- 2⅓Tasse Wassermelonenwürfel

- 3 Tassen frische Blaubeeren

- $\frac{1}{2}$ Tasse gehackte frische Minze

a) Kombinieren Sie $\frac{1}{2}$ Tasse Wein und Zucker in einem kleinen Topf. Samen von Vanilleschote einkratzen; Bohne hinzufügen. Bei schwacher Hitze ca. 2 Minuten rühren, bis sich der Zucker aufgelöst hat und der Sirup heiß ist. Vom Herd nehmen und 30 Minuten ziehen lassen. Vanilleschote aus dem Sirup nehmen.

b) Kombinieren Sie alle Früchte in einer großen Schüssel. Fügen Sie Minze und restliche 1 Tasse Wein Zuckersirup hinzu. Obst übergießen. Abdecken und mindestens 2 Stunden im Kühlschrank lagern.

c) Löffel Obst und etwas Sirup in große Stielbecher.

39. Limettenkuchen mit Weincreme

Zutat

- 1¼ Tasse gekühlte Schlagsahne

- 6 Esslöffel Zucker

- 2 Esslöffel Süßer Dessertwein

- 1½ Esslöffel frischer Zitronensaft

- 1 Esslöffel fein gehackte Walnüsse

- $\frac{1}{4}$ Tasse Zucker

- $\frac{1}{2}$ Teelöffel Salz

- $\frac{3}{4}$ Tasse gekühlte ungesalzene Butter

- 2 große Eigelb & 4 große Eier

- $\frac{1}{2}$ Tasse frischer Limettensaft & 1 Esslöffel geriebene Limettenschale

a) Sahne, Zucker, Wein und Zitronensaft in einer Rührschüssel vermischen und schlagen, bis sich weiche Spitzen bilden. Muttern vorsichtig unterheben.

b) Mehl, Zucker und Salz im Prozessor mischen. Fügen Sie Butter hinzu; Mit Ein / Aus-Umdrehungen einschneiden, bis die Mischung einer groben Mahlzeit ähnelt. Eigelb und Wasser in einer Schüssel verquirlen. Zum Prozessor hinzufügen; Mischen Sie mit Ein / Aus-Umdrehungen, bis sich feuchte Klumpen bilden. 20 Minuten backen.

c) Eier und Zucker in einer Schüssel leicht und cremig rühren. Mehl in Eimischung sieben; Schneebesen zu kombinieren. Buttermilch hinzufügen. Butter mit Limettensaft schmelzen und unter die Eimischung rühren. Füllung in die Kruste gießen.

40. Matzoh-Weinbrötchen

Zutat

- 8 Quadrate Matzoh

- 1 Tasse süßer Rotwein

- 8 Unzen   Halbbitter Schokolade

- ½ Tasse Milch

- 2 Esslöffel Kakao

- 1 Tasse Zucker

- 3 Esslöffel Brandy

- 1 Teelöffel Instant-Kaffeepulver

- 2 Sticks Margarine

a) Den Matzoh zerbröckeln und den Wein einweichen. Die Schokolade mit Milch, Kakaopulver, Zucker, Brandy und Kaffee bei sehr schwacher Hitze schmelzen.

b) Vom Herd nehmen und die Margarine hinzufügen. Rühren, bis es geschmolzen ist.

c) Den Matzoh zur Schokoladenmischung geben. Teilen Sie die Mischung in zwei Hälften. Formen Sie jede Hälfte zu einer langen Rolle und wickeln Sie sie fest in Aluminiumfolie. Über Nacht kühlen, Aluminiumfolie entfernen und in Scheiben schneiden.

d) Vier Tassen in Papier geben und servieren.

41. Moustokouloura

Zutat

- 3½ Tasse Allzweckmehl plus extra zum Kneten

- 2 Teelöffel Backpulver

- 1 Esslöffel frisch gemahlener Zimt

- 1 Esslöffel frisch gemahlene Nelken

- ¼ Tasse Mildes Olivenöl

- 2 Esslöffel Honig

- $\frac{1}{2}$ Tasse griechischer Wein muss Sirup sein

- $\frac{1}{2}$ Orange

- 1 Tasse Orangensaft

a) Mehl, Backpulver, Zimt und Nelken in eine große Schüssel sieben und in der Mitte einen Brunnen bilden.

b) In einer kleineren Schüssel das Olivenöl mit Honig, Petimezi, geriebener Orangenschale und $\frac{1}{2}$ Orangensaft schlagen und in den Brunnen gießen. Mischen Sie zusammen, um einen Teig zu machen.

c) Auf eine bemehlte Oberfläche geben und ca. 10 Minuten kneten, bis der Teig glatt, aber nicht steif ist.

d) Brechen Sie Teigstücke mit jeweils etwa 2 Esslöffeln ab und rollen Sie sie zu Schlangen mit einem Durchmesser von etwa 1 cm.

e) Backen Sie in einem auf 375 F vorgeheizten Ofen für 10-15 Minuten - bis sie braun und knusprig, aber nicht zu hart sind.

42. Orangenwaffeln

Zutat

- 2½ Esslöffel   Orangenschale

- 2 Tassen Gebäck oder Allzweckmehl

- ½ Teelöffel Salz

- 1 Teelöffel Backpulver

- 2 Esslöffel (1/4 Stick) Butter oder

- Margarine, erweicht

- ½ Tasse Weißwein

a) Heizen Sie den Ofen auf 350 ~ F vor.

b) Um die Schale zuzubereiten, reiben Sie die äußere Schale der Orangen leicht gegen den feinen Rost einer Käsereibe.

c) Mehl, Orangenschale, Salz und Backpulver in einer großen Schüssel vermengen. Schneiden Sie die Butter ein und fügen Sie langsam den Wein hinzu.

d) Falten Sie auf einer bemehlten Oberfläche das linke Drittel des Teigs über das mittlere Drittel. Ebenso falten Sie das rechte Drittel über die Mitte.

e) Rollen Sie den Teig diesmal etwas dünner aus, etwa 1 cm dick.

f) Schneiden Sie mit einem scharfen Messer in 2-Zoll-Quadrate.

g) Stechen Sie jeden Cracker zwei- oder dreimal mit den Zinken einer Gabel durch. 15 bis 20 Minuten backen, bis sie leicht gebräunt sind.

43. Orangen-Mandel-Kuchen

Zutat

- ½ Tasse ungesalzene Butter - (1 Stick); erweicht

- 1 Tasse Kristallzucker

- 2 Eier

- 2 Teelöffel Vanille

- ½ Teelöffel Mandelextrakt

- ¼ Tasse gemahlene unblanchierte Mandeln

- 2 Teelöffel Geriebene Orangenschale

- 1½ Tasse Allzweckmehl; Plus

- 2 Esslöffel   Allzweckmehl

- 2 Teelöffel Backpulver

- 1 Teelöffel Salz

- 1 Tasse saure Sahne

- 1 Pint Himbeeren oder Erdbeeren

- $\frac{1}{2}$ Tasse Sekt

a) Butter und Zucker leicht und locker verrühren.

b) Fügen Sie Eier, Vanille, Mandelextrakt, Mandeln und Orangenschale hinzu; auf niedrig schlagen, bis kombiniert. Mehl, Backpulver und Salz zusammen sieben; abwechselnd zur Buttermischung mit saurer Sahne geben.

c) Teig in die Pfanne geben; tippen Sie leicht darauf, um es auszugleichen. 20 Minuten backen.

d) 10 Minuten abkühlen lassen; Aus der Kuchenform nehmen oder die Seiten der Springform entfernen. Die Beeren mit Zucker bestreuen und mit ausreichend Sekt bestreuen, um sie gründlich zu befeuchten.

e) Den Kuchen auf den Teller legen, mit Beeren und Saft umgeben.

44. Pflaumentorte mit Crème Fraiche

Zutat

- 10 Zoll süße Gebäckschale; bis zu 11

- 550 Gramm Pflaumen; gewaschen

- 2 Esslöffel Puderzucker

- 125 Milliliter Portwein

- 1   Vanilleschote schnitt die Mitte ab

- ½ Pint Creme

- 1 Unze Mehl

- 2 Unzen Zucker

- 2 Eigelb

- 2 Blattgelatine; eingeweicht

a) Entfernen Sie die Steine von den Pflaumen und schneiden Sie sie in vier Teile. Backen Sie den süßen Gebäckkasten blind und kühl.

b) Machen Sie die Creme Pat, indem Sie Ei und Zucker in einer Schüssel über heißem Wasser mischen. Fügen Sie einen Esslöffel Sahne hinzu und fügen Sie nach und nach das Mehl hinzu. Fügen Sie mehr Sahne hinzu und legen Sie sie in eine saubere Pfanne und erwärmen Sie sie erneut.

c) Legen Sie eine gute Schicht Cremetupfer auf den Boden des Gebäckkastens und glätten Sie ihn mit einem Spachtel oder einem Plastikschaber.

d) Die Pflaumen auf das Gebäck legen und 30-40 Minuten im Ofen backen.

e) Den Zucker im Portwein köcheln lassen und die Vanilleschote hinzufügen, die Flüssigkeit leicht reduzieren. Fügen Sie die Blattgelatine hinzu und kühlen Sie leicht ab. Entfernen Sie die Torte und kühlen Sie sie ab, gießen Sie sie über die Portglasur und lassen Sie sie im Kühlschrank fest werden. In Scheiben schneiden und mit Crème Fraiche servieren.

45. Rotwein Brownies

ZUTATEN

- $\frac{3}{4}$ Tasse (177 ml) Rotwein
- $\frac{1}{2}$ Tasse (60 g) getrocknete Preiselbeeren
- 156 g Tassen Allzweckmehl
- $\frac{1}{2}$ Teelöffel Meersalz
- $\frac{1}{2}$ Tasse (115 g) gesalzene Butter plus extra zum Einfetten
- 180 g dunkle oder halbsüße Schokolade
- 3 große Eier
- 1 $\frac{1}{4}$ Tassen (250 g) Zucker

- ½ Tasse (41 g) ungesüßtes Kakaopulver
- ½ Tasse (63 g) gehackte Walnüsse (optional)

Richtungen:

a) Mischen Sie in einer kleinen Schüssel den Rotwein und die Preiselbeeren und lassen Sie sie 30 Minuten bis eine Stunde lang ruhen oder bis die Preiselbeeren prall aussehen. Sie können den Wein und die Preiselbeeren vorsichtig auf dem Herd oder in der Mikrowelle erhitzen, um den Vorgang zu beschleunigen.

b) Heizen Sie den Ofen auf 350 Grad vor und fetten und bemehlen Sie eine 8 x 8 Zoll große Pfanne.

c) Mehl und Meersalz in einer Schüssel mischen und beiseite stellen.

d) In einer Schüssel über kochendem Wasser Butter und Schokolade erhitzen, bis sie gerade geschmolzen und miteinander vermischt sind.

e) Nehmen Sie die Schüssel vom Herd und schlagen Sie die Eier nacheinander ein. (Wenn die Schüssel sehr heiß erscheint, können Sie sie etwa 5 Minuten abkühlen lassen, bevor Sie die Eier hinzufügen.)

46. Vanille Panna Cotta

Zutaten

- Sahne - 2 Tassen
- Zucker plus 3 EL - 1/4 Tasse
- Vanilleschoten - beide in zwei Hälften geteilt, Samen von einem abgekratzt - 1
- Vanillepaste - 1/2 TL
- Öl - 1 EL

- Pulverförmige Gelatine gemischt mit 90 ml kaltem Wasser - 2 TL
- Körnererdbeeren - 125 g
- Rotwein - 1/2 Tasse

Richtungen:

a) Die Sahne und eine halbe Tasse Zucker vorsichtig in einem Topf erhitzen, bis sich der gesamte Zucker aufgelöst hat. Vom Herd nehmen und den Vanilleextrakt und 1 Vanilleschote zusammen mit den davon abgekratzten Samen einrühren.

b) Die Gelatine in einer großen Schüssel über das kalte Wasser streuen und vorsichtig mischen.

c) Gießen Sie die erwärmte Creme über die Gelatine und kombinieren Sie sie gründlich, bis sich die Gelatine aufgelöst hat. Die Mischung durch ein Sieb passieren.

d) Die Mischung auf die gefetteten Schalen verteilen und bis zum Abbinden im Kühlschrank aufbewahren. Dies dauert normalerweise bis zu 3 Stunden.

e) In einem Topf den Rotwein, 6 EL Zucker und die restlichen Vanilleschoten zum Kochen bringen.

f) Die Erdbeeren abspülen, schälen, in Scheiben schneiden und zum Sirup geben, dann über die freigesetzte Panna Cotta geben.

47. Weinkuchen

Zutat

● 140 Gramm normales Mehl (5 oz)

● 1 Teelöffel Backpulver

- 60 Gramm ungesalzene Butter (2 1/4 oz)

- 1 Schuss Salz

- 120 Gramm Puderzucker

- 1 Teelöffel gemahlener Zimt

- 10 GrammNormalmehl (1/4 oz)

- $\frac{1}{2}$ Teelöffel Zucker

- 3 Esslöffel Milch

- 100 Milliliter   Guter trockener Weißwein

- 15 GrammButter (ca. 1/2 Unze)

a) Gebäck: Mehl, Backpulver und weiche Butter in eine große Schüssel geben. Fügen Sie das Salz und den Zucker hinzu. Fügen Sie die Milch hinzu.

b) Erleichtern Sie das Gebäck in den Boden der Dose.

c) Mischen Sie den Zucker, Zimt und Mehl zusammen. Streuen Sie diese Mischung über den gesamten Boden der Torte. Gießen Sie den Wein über die Zuckermischung und mischen Sie ihn mit Ihren Fingerspitzen.

d) Die Torte 15 ... 20 Minuten im Boden des vorgeheizten Ofens kochen.

e) Lassen Sie die Torte abkühlen, bevor Sie sie aus der Dose nehmen.

48. Zabaglione

Zutat

- 6 Eigelb

- ½ Tasse   Zucker

- ⅓ Tasse   Mittlerer Weißwein

a)   Eigelb mit einem Elektromixer auf dem Wasserbad
     schaumig schlagen. Zucker allmählich einrühren.
     Gießen Sie gerade genug heißes Wasser in den

Boden des Doppelkessels, damit der obere Teil kein Wasser berührt.

b) Eigelb bei mittlerer Hitze kochen; Mischen Sie den Wein langsam ein und schlagen Sie ihn mit hoher Geschwindigkeit, bis er glatt, blass und dick genug ist, um in weichen Hügeln zu stehen.

c) Sofort in flachen Stielgläsern servieren.

49. Winterfrüchte in Rotwein

Zutat

- 1 Zitrone

- 500 Milliliter   Rotwein

- 450 Gramm Puderzucker

- 1 Vanilleschote; halbiert

- 3 Lorbeerblätter

- 1 Zimtstange

- 12 Schwarze Pfefferkörner

- 4 kleine   Birnen

- 12 Pflaumen ohne Einweichen

- 12 Aprikosen ohne Einweichen

a) Einen Streifen Zitronenschale abschneiden und die Zitrone halbieren. Zitronenschale, Zucker, Wein, Vanilleschote, Lorbeerblätter und Gewürze in eine große, nicht reaktive Pfanne geben und unter Rühren kochen.

b) Die Birnen schälen und mit der geschnittenen Seite der Zitrone einreiben, um Verfärbungen zu vermeiden. Bringen Sie den Rotweinsirup wieder zum Kochen, lassen Sie ihn leicht köcheln und fügen Sie die Birnen hinzu.

c) Fügen Sie die Pflaumen und Aprikosen zu den Birnen hinzu. Setzen Sie den Deckel wieder auf und lassen Sie ihn vollständig abkühlen, bevor Sie ihn über Nacht kühlen.

50. Zitronentee-Kuchen

Zutat

- ½ Tasse trockener Rotwein

- 3 Esslöffel frischer Zitronensaft

- 1½ Esslöffel Maisstärke

- 1 Tasse frische Blaubeeren

- Prise gemahlener Zimt & Muskatnuss

- ½ Tasse ungesalzene Butter; Zimmertemperatur

- 1 Tasse Zucker

114

- 3 groß   Eier

- 2 Esslöffel   Geriebene Zitronenschale

- 2 Esslöffel frischer Zitronensaft

- 1 Teelöffel Vanilleextrakt

- 1½ Tasse gesiebtes Kuchenmehl

- ½ Teelöffel Backpulver & ¼ Backpulver

- ¼ Teelöffel Salz

- ½ Tasse Sauerrahm

a) Wasser, Zucker, trockenen Rotwein, frischen Zitronensaft und Maisstärke in einem mittelgroßen Topf umrühren.

b) Heidelbeeren hinzufügen. Kochen, bis die Sauce dick genug ist, um den Löffel zurück zu beschichten, unter ständigem Rühren ca. 5 Minuten.

c) Butter und Zucker in einer großen Schüssel schaumig schlagen. Eier nacheinander einrühren. Geriebene Zitronenschale, Zitronensaft und Vanilleextrakt einrühren. Sieben Sie Kuchenmehl, Backpulver, Backpulver und Salz in eine mittelgroße Schüssel.

d) Den Teig in die vorbereitete Backform geben. Backen Sie und kühlen Sie dann Kuchen auf Gestell 10 Minuten ab.

INFUSIERTE HAUPTGERICHTE

1. Mit Wein und Safran angereicherte Muscheln

ZUTATEN

- 2 Zwiebeln, geschält und halbiert
- 2 rote Chilischoten, Stiel entfernt
- 2 EL Olivenöl
- 1/2 TL Safranfäden, eingeweicht in 2 Esslöffel heißem Wasser
- 300 ml trockener Weißwein

- 500ml Fischbrühe
- 2 EL Tomatenmark
- Meersalzflocken und frisch gemahlener schwarzer Pfeffer
- 1 kg frische Muscheln, Bärte entfernt und gereinigt
- Mehrere Thymianzweige

Richtungen:

a) Fügen Sie die Zwiebeln und Chilischoten zum Prozessor hinzu.

b) Stellen Sie die Pfanne auf mittlere Hitze, fügen Sie die Zwiebeln und Chilischoten hinzu und kochen Sie sie 5 Minuten lang unter Rühren, bis die Zwiebeln glitzern und weich werden

c) Fügen Sie die Safranfadenmischung hinzu und kochen Sie 30 Sekunden. Wein, Fischbrühe, Tomatenmark hinzufügen und mit Salz und Pfeffer gut würzen. Zum Kochen bringen, Hitze reduzieren und 5 Minuten köcheln lassen

d) Erhöhen Sie die Hitze zu hoch, wenn die Sauce kocht, fügen Sie die Muscheln und Thymianzweige hinzu. Mit dem Deckel abdecken und 3-5 Minuten kochen lassen, dabei die Pfanne gelegentlich schütteln, bis sich die Muscheln dämpfen

e) Sofort mit knusprigem Brot servieren

2. Jakobsmuscheln in Weinsauce

Zutat

- 2 Pfund   Seekammuscheln

- 2 Esslöffel   Olivenöl

- ¼ Esslöffel   Paprikaflocken

- 2 Knoblauchzehen; fein gehackt

- 1 Esslöffel   Weißwein

- 1 Esslöffel   Curry Pulver

- 1 klein   Tomate; geschält, entkernt und gehackt

- ¼ Tasse   Schlagsahne

- 2 Esslöffel   Tabasco Sauce

- Salz und Pfeffer nach Geschmack

- 1 Esslöffel Petersilie; fein gehackt

a) Gießen Sie etwas Olivenöl in eine der Pfannen auf dem Herd. Dann die roten Pfefferflocken, den Knoblauch und den Weißwein hinzufügen. Alle Jakobsmuscheln in die Pfanne geben. Decken Sie die Pfanne ab und lassen Sie die Jakobsmuscheln bei mittlerer / hoher Hitze kochen, bis die Jakobsmuscheln fest und undurchsichtig werden.

b) Nehmen Sie die Pfanne vom Herd und geben Sie die Jakobsmuscheln in eine große Schüssel. 1 EL hinzufügen. Öl und das Currypulver in einen kleinen Topf geben und 1-2 Minuten kochen lassen.

c) Die reservierte Jakobsmuschelflüssigkeit in den Topf mit Öl und Curry geben, indem ¾ Tasse durch ein Käsetuch oder einen Kaffeefilter gesiebt wird. In den gleichen Topf die Tomatenstücke, die Sahne, den Tabasco, das Salz, den Pfeffer und die Petersilie geben und 2 bis 3 Minuten erhitzen.

. Heilbuttsteaks mit Weinsauce

Zutat

- 3 Esslöffel   Schalotten; gehackt

- 1½ Pfund Heilbuttsteaks; 1 Zoll dick, in 4 Zoll geschnitten

- 1 Tasse trockener Weißwein

- 2 Medien Pflaumentomaten; gehackt

- ½ Teelöffel getrockneter Estragon

- ¼ Teelöffel Salz

- ⅛ Teelöffel Pfeffer

- 2 Esslöffel   Olivenöl

a) Backofen auf 450 Grad vorheizen. Schalotten über den Boden einer 1 $\frac{1}{2}$ bis 2-Liter-Auflaufform streuen. Legen Sie den Fisch in eine flache Backform und gießen Sie Wein ein.

b) Gehackte Tomaten, Estragon, Salz und Pfeffer über den Fisch streuen. Mit Öl beträufeln.

c) 10 bis 12 Minuten backen, bis der Fisch durchgehend undurchsichtig ist. Den Fisch mit einem geschlitzten Spatel in eine Schüssel geben und die Haut abziehen.

d) Stellen Sie die Backform (falls aus Metall) über einen Herd oder gießen Sie Flüssigkeit und Gemüse in einen kleinen Topf. Bei starker Hitze 1 bis 2 Minuten kochen, bis die Sauce etwas weniger wird. Die Sauce über den Fisch geben und servieren.

3.   Griechisches Fleisch rollt in Weinsauce

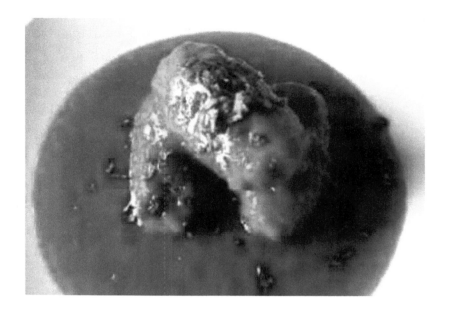

Zutat

- 2 Pfund   Mageres Rinderhackfleisch oder Pute

- 4 Scheiben   Trockener weißer Toast, zerbröckelt

- Zwiebel & Knoblauch

- 1   Ei, leicht geschlagen

- 1 Esslöffel Zucker

- Prise Salz, Kreuzkümmel, schwarzer Pfeffer

- Mehl (ca. 1/2 C)

- 1 Dose Tomatenmark

- $1\frac{1}{2}$ Tasse trockener Rotwein

- 2 Teelöffel Salz

- Gedünsteter Reis

- Gehackte Petersilie

a) Trockene Zutaten gut vermischen und fest mischen.

b) Befeuchten Sie die Hände in kaltem Wasser und formen Sie Esslöffel der Fleischmischung zu Brötchen (Protokollen) mit einer Länge von etwa 2 $\frac{1}{2}$ "bis 3". Jede Rolle leicht mit Mehl bestreichen.

c) Erhitzen Sie in einer tiefen Pfanne jeweils etwa $\frac{1}{2}$ "Öl und braune Brötchen, wobei Sie darauf achten, dass sie nicht überfüllt werden. Entfernen Sie die gebräunten Brötchen zum Abtropfen von Papiertüchern.

d) In einem holländischen Ofen Tomatenmark, Wasser, Wein, Salz und Kreuzkümmel verquirlen. Fügen Sie Fleischröllchen zur Sauce hinzu. Abdecken und 45 Minuten bis eine Stunde köcheln lassen, bis die Fleischröllchen fertig sind. Probieren Sie die Sauce und fügen Sie bei Bedarf Salz hinzu.

4. Linsen mit glasiertem Gemüse

Zutat

- 1½ Tasse französische grüne Linsen; sortiert & gespült

- 1½ Teelöffel Salz; geteilt

- 1 Lorbeerblatt

- 2 Teelöffel Olivenöl

- Zwiebel, Sellerie, Knoblauch

- 1 Esslöffel Tomatenmark

- ⅔Tasse Trockener Rotwein

- 2 Teelöffel Dijon-Senf

124

- 2 Esslöffel Butter oder Olivenöl extra vergine

- Frisch gemahlener Pfeffer nach Geschmack

- 2 Teelöffel frische Petersilie

a) Legen Sie Linsen in einen Topf mit 3 Tassen Wasser, 1 TL. Salz und das Lorbeerblatt. Zum Kochen bringen.

b) In der Zwischenzeit das Öl in einer mittelgroßen Pfanne erhitzen. Zwiebel, Karotte und Sellerie hinzufügen und mit $\frac{1}{2}$ TL würzen. salzen und bei mittlerer Hitze unter häufigem Rühren etwa 10 Minuten kochen, bis das Gemüse braun ist. Fügen Sie den Knoblauch und die Tomatenmark hinzu, kochen Sie noch 1 Minute und fügen Sie dann den Wein hinzu.

c) Zum Kochen bringen, dann die Hitze senken und abgedeckt köcheln lassen, bis die Flüssigkeit sirupartig ist.

d) Den Senf einrühren und die gekochten Linsen zusammen mit der Brühe hinzufügen.

e) Köcheln lassen, bis die Sauce größtenteils reduziert ist, dann die Butter einrühren und mit Pfeffer würzen.

5. Heilbutt in Gemüsesauce

Zutat

- 2 Pfund   Heilbutt

- ¼ Tasse Mehl

- ½ Teelöffel Salz

- Weißer Pfeffer

- 1 Esslöffel gehackte Petersilie

- $\frac{1}{4}$ Tasse Olivenöl

- 1   Zerkleinerte Knoblauchzehe

- 1   Gehackte große Zwiebel

- 1   Geriebene Karotte

- 2   Stiele gehackten Sellerie

- 1 große gehackte Tomate

- $\frac{1}{4}$ Tasse Wasser

- $\frac{3}{4}$ Tasse trockener Weißwein

a)   Mehl, Salz, Pfeffer und Petersilie mischen: Fisch mit Mehlmischung ausbaggern. Olivenöl in der Pfanne erhitzen; Heilbutt hinzufügen und auf beiden Seiten goldbraun braten.

b)   Aus der Pfanne nehmen und beiseite stellen. Knoblauch, Zwiebel, Karotte und Sellerie in die Pfanne geben: 10-15 Minuten anbraten, bis sie weich sind. Fügen Sie Tomate und Wasser hinzu, köcheln Sie 10 Minuten.

c)   Die Sauce vom Herd nehmen und in den Mixer geben. Püree. Wein einrühren. Zurück zur Pfanne: Fisch in Sauce geben. Abdecken und 5 Minuten köcheln lassen.

6. Kräuterwürste in Wein

Zutat

- ½ Pfund   Italienische süße Wurst

- ½ Pfund   Italienische heiße Wurst

- ½ Pfund   Lielbasa

- ½ Pfund   Bockwurst (Kalbswurst)

- 5   Frühlingszwiebeln, gehackt

- 2 Tassen trockener Weißwein

- 1 Esslöffel gehackte frische Thymianblätter

- 1 Esslöffel fein gehackte frische Petersilie

- ½ Teelöffel Tabasco Pfeffersauce

a) Schneiden Sie die Würste in ½-Zoll-Stücke. In einer tiefen Pfanne bei mittlerer Hitze die italienische Wurst 3 bis 5 Minuten kochen lassen oder bis sie leicht gebräunt ist. Das Fett abtropfen lassen. Die restliche Wurst und die Frühlingszwiebeln hinzufügen und weitere 5 Minuten kochen lassen.

b) Reduzieren Sie die Hitze auf niedrig, fügen Sie die restlichen Zutaten hinzu und köcheln Sie 20 Minuten unter gelegentlichem Rühren. Sofort servieren oder in einer Chafing Dish warm halten. Mit Zahnstochern servieren.

7. Fisch rollt in Weißwein

Zutat

- ⅔Tasse Samenlose grüne Trauben, halbiert

- ¾ Tasse trockener Weißwein

- Vier; (6 bis 8 Unzen)

- hautlose Flunder

- ⅓Tasse Gehackte frische Petersilienblätter

- 1 Esslöffel gehackter frischer Thymian

- $\frac{1}{4}$ Tasse gehackte Zwiebel

- 2 Esslöffel ungesalzene Butter

- 1 Esslöffel Allzweckmehl

- $\frac{1}{4}$ Tasse Sahne

- 1 Teelöffel frischer Zitronensaft

a) In einem kleinen Topf die Traubenhälften 1 Stunde im Wein mazerieren lassen.

b) Die Filets der Länge nach halbieren, mit Salz und Pfeffer würzen und die enthäuteten Seiten mit Petersilie und Thymian bestreuen. Rollen Sie jede Filethälfte mit 1 der reservierten Trauben in der Mitte zusammen und sichern Sie sie mit einem Holzpickel.

c) In einem kleinen Topf die Zwiebel in der Butter kochen, das Mehl einrühren und die Mehlschwitze kochen.

d) Fügen Sie die Sahne, die mazerierten Trauben, den Zitronensaft sowie Salz und Pfeffer hinzu, um die Sauce zu schmecken und zu kochen, und rühren Sie sie 3 Minuten lang um.

e) Gießen Sie die auf dem Teller angesammelte Flüssigkeit ab, verteilen Sie die Fischröllchen auf 4 erhitzte Teller und löffeln Sie die Sauce darüber.

8. Kräutertofu in Weißweinsauce

Zutat

- 2 Esslöffel   (Soja) Margarine

- 1½ Esslöffel   Mehl

- ½ Tasse   (Soja Milch

- ½ Tasse   Weißwein

- 1   Zwiebelschnitz in einem übrig

- Stück (ich kann nicht viel tolerieren

- Zwiebel, also ich

- Gebraucht ca. 4cm x 2cm

- Keil)

- 1 Strich   Gemahlene Nelken

- 1 Strich   Salz

- x Etwas Wasser

- ½ Pfund   Zumindest Kräutertofu, gewürfelt

- (ca. 1,5 cm Würfel)

- x Deine Lieblingsnudeln, genug

a) Margarine in der Pfanne schmelzen und mit Mehl verquirlen. Etwas abkühlen lassen und dann Wein und (Soja-) Milch unterrühren.

b) Zwiebel, Nelken und Salz in die Sauce geben und bei schwacher Hitze rühren, bis die Sauce leicht eingedickt ist. Wenn es zu dick wird, fügen Sie etwas Wasser hinzu. Fügen Sie Tofu hinzu und köcheln Sie, während Sie die Nudeln kochen.

c) Servieren Sie Tofu und Sauce über Nudeln und geben Sie die Zwiebel der Person, die sie mehr mag.

9. Gegrillter Tintenfisch in Rotweinmarinade

Zutat

- 2 Gereinigter 1 1/2 Pfund Oktopus

- Karotten, Sellerie & Zwiebel

- 2 Lorbeerblätter

- 2 Teelöffel Salz

- Ganze schwarze Pfefferkörner & getrockneter
  Thymian

- 2 Tassen Rotwein

- 3 Esslöffel Olivenöl extra vergine

- 3 Esslöffel Rotweinessig

- 3 Esslöffel Trockener Rotwein

- Salz, frisch gemahlener schwarzer Pfeffer

- 1⅓ Tasse gesiebte Tintenfisch-Kochbrühe

- ¼ Tasse Olivenöl extra vergine

- 1 Esslöffel Zitronensaft

- 2 Esslöffel Butter

a) In einem großen Auflauf kombinieren Sie Tintenfisch, Karotten, Sellerie, Zwiebel, Lorbeerblätter, Salz, Pfeffer, Thymian, Rotwein und Wasser. Zum langsamen Kochen bringen.

b) Marinade zubereiten: In einer kleinen Schüssel die Zutaten der Marinade vermischen. Über den Tintenfisch gießen und zum Überziehen werfen.

c) Sauce zubereiten: In einem kleinen Topf die reservierte Brühe, das Olivenöl, den Zitronensaft und den Essig vermischen. Petersilie einrühren.

d) 4 Minuten grillen, dabei häufig wenden, bis sie leicht verkohlt und durchgeheizt sind. Seve.

10. Gebackene süße Kochbananen in Wein

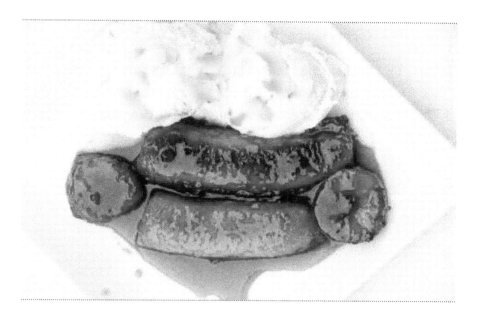

Zutat

- 4 Stück   Sehr reife Kochbananen

- 1 Tasse   Olivenöl

- ½ Tasse   brauner Zucker

- ½ Teelöffel   Zimt

- 1 Tasse   Sherrywein

a)   Ofen auf 350F vorheizen. Entfernen Sie die Schale
     von den Kochbananen und schneiden Sie sie der

Länge nach in zwei Hälften. In einer großen Bratpfanne das Öl auf mittlere Hitze erhitzen und Kochbananen hinzufügen.

b) Kochen Sie sie, bis sie auf jeder Seite leicht gebräunt sind. Legen Sie sie in eine große Auflaufform und streuen Sie Zucker darüber. Zimt hinzufügen und mit Wein bedecken. 30 Minuten backen oder bis sie einen rötlichen Farbton annehmen.

11. Nudeln in Zitronen-Weißwein-Sauce

Zutat

- 1½ Pfund Pasta; deine Entscheidung

- 1   Volle Hühnerbrust; gekocht, julienne

- 10 Unzen Spargel; blanchiert

- ¼ Tasse Butter

- ½ kleine Zwiebel

- 4 Esslöffel Allzweckmehl

- 2 Tassen Trockener Weißwein

- 2 Tassen Hühnerbrühe

- 12 Teelöffel Zitronenschale

- 1 Esslöffel frischer Thymian; gehackt

- 1 Esslöffel frischer Dill; gehackt

- 3 Esslöffel Dijon-Senf

- Salz und Pfeffer; schmecken

- Parmesan Käse; gerieben

a) Nudeln kochen und halten Hähnchenbrust kochen und Spargel blanchieren; halt. Die Butter in einem großen Topf bei mittlerer Hitze erwärmen. Fügen Sie die Zwiebel hinzu und braten Sie sie an, bis sie leicht braun und sehr weich ist.

b) Fügen Sie das Mehl hinzu und reduzieren Sie die Hitze auf niedrig. Rühren, bis alles vollständig vermischt ist. Weißwein und Brühe sehr langsam unterrühren.

c) Die Sauce zum Kochen bringen und 10 Minuten köcheln lassen. Zitronenschale, Thymian, Dill, Senf einrühren und mit Salz und weißem Pfeffer abschmecken. Fügen Sie das gekochte und Julienne Huhn und Spargel hinzu.

12. Nudeln mit Muscheln in Wein

Zutat

- 1 Pfund   Muscheln (in ihren Schalen)

- Weißwein (genug, um einen großen flachen Topf etwa einen halben Zoll zu füllen)

- 2 große   Knoblauchzehen, fein gehackt

- 2 Esslöffel   Olivenöl

- 1 Teelöffel   Frisch gemahlener Pfeffer

- 3 Esslöffel   Gehacktes frisches Basilikum

- 1 groß   Tomate, grob gehackt

- 2 Pfund   Pasta

a) Waschen Sie die Muscheln gründlich, ziehen Sie alle Bärte ab und kratzen Sie die Muscheln nach Bedarf ab. In einen Topf mit Wein geben.

b) Decken Sie es fest ab und dämpfen Sie es, bis sich die Muscheln öffnen. Während die Muscheln etwas abkühlen, geben Sie die Weinbrühe bei mittlerer Hitze und fügen Sie Knoblauch, Olivenöl, Pfeffer, Tomate und Basilikum hinzu.

c) Heiße Linguini oder Fettucini mit Sauce übergießen und servieren!

13. Rotwein Fettucine und Oliven

Zutat

- 2½ Tasse Mehl

- 1 Tasse   Grießmehl

- 2 Eier

- Tasse   Trockener Rotwein

- 1 Rezept Lumache alla Marchigiana

a) Zubereitung von Nudeln: Machen Sie eine Vertiefung aus dem Mehl und legen Sie die Eier und den Wein in die Mitte.

b) Mit einer Gabel die Eier und den Wein zusammenschlagen und das Mehl beginnend mit dem inneren Rand des Brunnens einarbeiten.

c) Kneten Sie den Teig mit beiden Händen mit den Handflächen.

d) Rollen Sie die Nudeln auf der Nudelmaschine bis zur dünnsten Einstellung aus. Schneiden Sie die Nudeln von Hand oder mit der Maschine in $\frac{1}{4}$ Zoll dicke Nudeln und legen Sie sie unter ein feuchtes Handtuch.

e) 6 Liter Wasser zum Kochen bringen und 2 Esslöffel Salz hinzufügen. Schnecke zum Kochen bringen und beiseite stellen.

f) Lassen Sie die Nudeln ins Wasser fallen und kochen Sie sie, bis sie gerade zart sind. Die Nudeln abtropfen lassen und mit den Schnecken in die Pfanne geben. Sofort in einer warmen Servierplatte servieren.

14. Orecchiette Pasta & Huhn

Zutat

- 6 große Hähnchenschenkel, ohne Knochen und mit Haut

- Salz und frisch gemahlener schwarzer Pfeffer nach Geschmack

- 2 Esslöffel Oliven- oder Rapsöl

- ½ Pfund Frische Shiitake-Pilze

- Zwiebel, Knoblauch, Karotten & Sellerie

- 2 Tassen herzhafter Rotwein

- 2 Tassen Reife Tomaten, gewürfelt, entkernt

- 1 Teelöffel frischer Thymian / frischer Salbei

- 4 Tassen Hühnerbrühe

- ⅓ Tasse fein gehackte Petersilie

- ½ Pfund   Orecchiette Pasta, ungekocht

- ¼ Tasse gehacktes frisches Basilikum

- ¼ Tasse abgetropfte sonnengetrocknete Tomaten

- Frische Basilikumzweige

- Frisch rasierter Asiago oder Parmesan

a) Hähnchen würzen und Hähnchen bei starker Hitze schnell anbraten.

b) Fügen Sie Pilze, Zwiebeln, Knoblauch, Karotten und Sellerie hinzu und braten Sie sie an, bis sie sehr leicht gebräunt sind. Das Huhn wieder in die Pfanne geben, Wein, Tomaten, Thymian, Salbei und die Brühe hinzufügen und zum Kochen bringen. Petersilie einrühren und warm halten.

c) Pasta zubereiten & servieren. Mit Basilikumquellen und rasiertem Käse garnieren.

15. Rindfleisch mit Portobello-Sauce

Zutat

- 500 Gramm mageres Rinderhackfleisch

- $\frac{1}{2}$ Trockener Rotwein

- $\frac{1}{2}$ Teelöffel Pfeffer; grober Boden

- 4 Esslöffel Roquefort oder Stilton

- ¾ Pfund Portobellos; (375 g oder 4 med)

a) Fleisch von 2-4 Minuten pro Seite anbraten

b) Gießen Sie eine halbe Tasse Wein hinein und mahlen Sie den Pfeffer großzügig über die Pastetchen.

c) Reduzieren Sie die Hitze auf mittel und köcheln Sie unbedeckt 3 Minuten lang. Die Pastetchen wenden, den Käse darüber streuen und unbedeckt weiter köcheln lassen, bis der Käse zu schmelzen beginnt (ca. 3 Minuten).

d) In der Zwischenzeit die Stängel von den Pilzkappen trennen. Stängel und Kappen in dicke Scheiben schneiden.

e) Fügen Sie Pilze zum Wein in der Pfanne hinzu und rühren Sie ständig, bis sie heiß sind.

f) Löffel Pilze um Pastetchen geben, dann Sauce darüber gießen.

16. Italienische Käse- und Rotweinwurst

Zutat

- 4 Pfund   Schweinefleisch, ohne Knochen, Schulter oder Hintern

- 1 Esslöffel   Fenchelsamen, in Mörser gemahlen

- 2 Lorbeerblätter, zerdrückt

- $\frac{1}{4}$ Tasse   Petersilie, gehackt

- 5　Knoblauch, gepresst

- ½ Teelöffel　　Pfeffer, rot, Flocken

- 3 Teelöffel　　Salz, koscher

- 1 Teelöffel Pfeffer, schwarz, frisch gemahlen

- 1 Tasse Käse, Parmesan oder Romano, gerieben

- ¾ Tasse Wein, rot

- 4　Wursthüllen (ca.

a) Mahlen Sie das Fleisch in einer Küchenmaschine oder einem Kitchen Aid-Fleischwolfaufsatz für den Mixer. Alle Zutaten mischen und 1 Stunde stehen lassen, damit die Aromen verschmelzen können.

b) Wurst mit Kitchen Aid Wurstfüllaufsatz in Hüllen füllen oder Hand mit Wursttrichter kaufen.

17. Pilze & Tofu in Wein

Zutat

- 1 Esslöffel Distelöl

- 2 Stück   Knoblauchzehen, gehackt

- 1 große Zwiebel, gehackt

- 1½ Pfund Pilze, in Scheiben geschnitten

- ½ mittelgrüner Paprika, gewürfelt

- ½ Tasse trockener Weißwein

- ¼ Tasse Tamari

- ½ Teelöffel Geriebener Ingwer

- 2 Teelöffel   Sesamöl

- 1½ Esslöffel   Maisstärke

- 2 Stück   Kuchen Tofu, gerieben

- Zerkleinerte Mandeln

a) Saflor im Wok erhitzen. Wenn heiß, Knoblauch und Zwiebel hinzufügen und bei mäßig schwacher Hitze anbraten, bis die Zwiebel durchscheinend ist. Fügen Sie Pilze, Paprika, Wein, Tamari, Ingwer und Sesamöl hinzu. Mischen.

b) Maisstärke in einer kleinen Menge Wasser auflösen und in die Pfanne einrühren.

c) Tofu einrühren, abdecken und weitere 2 Minuten köcheln lassen.

18. Aprikosenweinsuppe

Zutat

- 32 Unzen Aprikosen in Dosen; ungezogen

- 8 Unzen   Sauerrahm

- 1 Tasse Chablis oder trockener Weißwein

- $\frac{1}{4}$ Tasse Aprikosenlikör

- 2 Esslöffel Zitronensaft

- 2 Teelöffel Vanilleextrakt

- $\frac{1}{4}$ Teelöffel gemahlener Zimt

a) Alle Zutaten in einem Behälter mit einem elektrischen Mixer oder einer Küchenmaschine mischen und glatt rühren.

b) Abdecken und gründlich abkühlen lassen. Suppe in einzelne Suppentassen schöpfen. Mit zusätzlicher Sauerrahm und gemahlenem Zimt garnieren.

19. Pilzsuppe mit Rotwein

Zutat

- 50 G; (2-3 Unzen) Butter, (50 bis 75)

- 1 groß   Zwiebel; gehackt

- 500 g   Champignons; in Scheiben geschnitten (1 Pfund)

- 300 Milliliter   Trockener Rotwein; (1/2 Pint)

- 900 Milliliter   Gemüsebrühe; (1 1/2 Pints)

- 450 Milliliter   Doppelcreme; (3/4 Pint)

- Ein kleiner Haufen frischer Petersilie; fein hacken, zum garnieren

a) 25 g Butter in einer kleinen Pfanne bei mittlerer Hitze schmelzen und die Zwiebel 2-3 Minuten braten, bis sie nur noch weich ist, dabei häufig umrühren.

b) Weitere 25 g Butter in einem großen Topf bei mittlerer Hitze erhitzen.

c) Fügen Sie die Pilze hinzu und braten Sie sie 8-10 Minuten lang, bis sie weich sind.

d) Den Wein dazugeben und weitere 5 Minuten kochen lassen. Brühe und Zwiebel dazugeben und bei schwacher Hitze 15 Minuten köcheln lassen, ohne zu kochen.

e) Wenn Sie fertig sind, erhitzen Sie die Suppe vorsichtig bei schwacher Hitze und rühren Sie die Sahne ein.

20. Borleves (Weinsuppe)

Zutat

- 4 Tassen Rot- oder Weißwein

- 2 Tassen Wasser

- 1 Teelöffel   Geriebene Zitronenschale

- 8 Stück Nelken

- je 1   Zimtstange

- 3 Stück Eigelb

- $\frac{3}{4}$ Tasse   Zucker

a) Gießen Sie den Wein und das Wasser in den Topf. Fügen Sie die geriebene Zitronenschale, die Nelken und den Zimt hinzu. Bei schwacher Hitze 30 Minuten köcheln lassen.

b) Vom Herd nehmen und die Nelken und die Zimtstange wegwerfen. In der kleinen Rührschüssel das Eigelb mit einem Schneebesen schlagen. Fügen Sie den Zucker nacheinander hinzu und schlagen Sie weiter, bis er dick ist. Rühren Sie die Eigelbmischung in die heiße Suppe.

c) Stellen Sie den Topf wieder auf die Hitze und bringen Sie ihn zum Siedepunkt. Lassen Sie die Suppe nicht kochen, da sonst das Eigelb durcheinander gerät. In heißen Bechern servieren.

21. Kirschweinsuppe

Zutat

- 1 Unze   Kann säuerliche rote Kirschen entkernen

- 1½ Tasse Wasser

- ½ Tasse   Zucker

- 1 Esslöffel   Schnellkochende Tapioka

- $\frac{1}{8}$ Teelöffel   Gemahlene Nelken

- $\frac{1}{2}$ Tasse   Trockener Rotwein

a) In einem $1\frac{1}{2}$-Liter-Topf ungekochte Kirschen, Wasser, Zucker, Tapioka und Nelken verrühren. 5 Minuten stehen lassen. Zum Kochen bringen.

b) Hitze reduzieren; abdecken und 15 Minuten köcheln lassen, dabei gelegentlich umrühren.

c) Vom Herd nehmen; Wein einrühren. Abdecken und unter gelegentlichem Rühren kalt stellen. Ergibt 6 bis 8 Portionen.

22. Dänische Apfelsuppe

Zutat

- 2 große   Äpfel, entkernt, geschält

- 2 Tassen Wasser

- 1   Zimtstange (2 ")

- 3   Ganze Nelken

- $\frac{1}{8}$ Teelöffel Salz

- $\frac{1}{2}$ Tasse) Zucker

- 1 Esslöffel Maisstärke

- 1 Tasse frische Pflaumen, ungeschält und in Scheiben geschnitten

- 1 Tasse frische Pfirsiche, geschält und geschnitten

- $\frac{1}{4}$ Tasse Portwein

a) Kombinieren Sie Äpfel, Wasser, Zimtstange, Nelken und Salz in einem mittelgroßen Topf.

b) Zucker und Maisstärke mischen und zur pürierten Apfelmischung geben.

c) Fügen Sie die Pflaumen und Pfirsiche hinzu und köcheln Sie, bis diese Früchte zart sind und die Mischung leicht eingedickt ist.

d) Fügen Sie den Portwein hinzu.

e) Top individuelle Portionen mit einem Schuss leicht saurer Sahne oder fettfreiem Vanillejoghurt.

23. Cranberry Wein Jello Salat

Zutat

- 1 großes Pkg. Himbeergelee

- $1\frac{1}{4}$ Tasse kochendes Wasser

- 1 große Dose ganze Preiselbeersauce

- 1 große Dose ungebremst zerkleinert

- Ananas

- 1 Tasse gehackte Nüsse

- $\frac{3}{4}$ Tasse   Portwein

- 8 Unzen   Frischkäse

- 1 Tasse   Sauerrahm

- Jello in kochendem Wasser auflösen.
  Preiselbeersauce gut einrühren.

a) Fügen Sie Ananas, Nüsse und Wein hinzu. Gießen
   Sie in eine 9x 13 Zoll Glasschale und kühlen Sie für
   24 Stunden.

b) Zum Servieren den Frischkäse weich rühren, saure
   Sahne hinzufügen und gut verquirlen. auf Jello
   verteilen.

24. Dijon-Senf mit Kräutern und Wein

Zutat

- 1 Tasse Dijon-Senf

- ½ Teelöffel Basilikum

- ½ Teelöffel Estragon

- ¼ Tasse Rotwein

a) Alle Zutaten mischen.

b) Über Nacht in den Kühlschrank stellen, um die Aromen zu mischen, bevor sie verwendet werden. Im Kühlschrank lagern.

25. Wein infundierte Bucatini

Zutaten

- 2 Esslöffel Olivenöl, geteilt
- 4 würzige Schweinswürste nach italienischer Art
- 1 große Schalotte, in Scheiben geschnitten
- 4 Knoblauchzehen, gehackt
- 1 Esslöffel geräucherter Paprika
- 1 Prise Cayennepfeffer
- 1 Prise zerkleinerte rote Pfefferflocken
- Salz nach Geschmack
- 2 Tassen trockener Weißwein,
- 1 Dose geröstete Tomatenwürfel
- 1 Pfund Bucatini

- 1 Esslöffel ungesalzene Butter
- 1/2 Tasse frisch geriebener Parmesan
- 1/2 Tasse gehackte frische Petersilie

Richtungen:

a) In einem großen Topf oder einem holländischen Ofen 1 Esslöffel Olivenöl bei mittlerer Hitze erhitzen. Fügen Sie die Wurst hinzu und kochen Sie sie ca. 8 Minuten lang, bis sie braun ist.

b) Fügen Sie Knoblauch hinzu und kochen Sie noch eine Minute. Wenn Knoblauch duftend und goldbraun ist, fügen Sie den geräucherten Paprika, Cayennepfeffer und Paprikaflocken hinzu. Mit Salz und Pfeffer würzen.

c) Die Pfanne mit dem Wein ablöschen und alle braunen Stücke vom Boden der Pfanne abkratzen.

d) Die gerösteten Tomatenwürfel und das Wasser hinzufügen und zum Kochen bringen. Fügen Sie die Bucatini hinzu und kochen Sie.

e) Wenn die Nudeln gekocht sind, die reservierte Wurst, Butter, Parmesan und gehackte Petersilie unterrühren.

f) Mit Salz und Pfeffer abschmecken und genießen!

26. Spargel in Wein

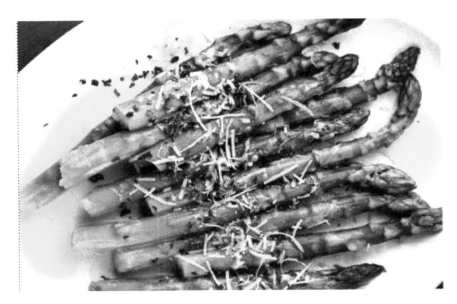

Zutat

- 2 Pfund   Spargel

- Kochendes Wasser

- ¼ Tasse Butter

- ¼ Tasse Weißwein

- ½ Teelöffel Salz

- ¼ Teelöffel Pfeffer

170

a) Spargel waschen und Enden abbrechen. Legen Sie die Speere in eine flache Pfanne und bedecken Sie sie mit Salzwasser. Zum Kochen bringen und 8 Minuten köcheln lassen.

b) Abgießen und in gebutterte Auflaufförmchen verwandeln. Butter schmelzen und Wein einrühren. Spargel übergießen. Mit Salz, Pfeffer und Käse bestreuen. 15 Minuten bei 425 'backen.

27. Senf, Wein marinierte Wildkoteletts

Zutat

- 4 Karibu- oder Hirschkoteletts

- ¼ Teelöffel Pfeffer

- 1 Teelöffel Salz

- 3 Esslöffel gemahlener Steinsenf

- 1 Tasse Rotwein

a) Koteletts mit Senf einreiben. Mit Salz und Pfeffer bestreuen. Mit Wein abdecken und über Nacht im Kühlschrank marinieren.

b) Grill- oder Holzkohlegrill bis zur mittleren, seltenen Heftung mit der Marinade.

28. Hühnerflügel mit Weindressing

Zutat

- 8 Hühnerflügel

- $\frac{1}{4}$ Tasse Maisstärke

- 2 Teelöffel Salz

- 1 Tasse Olivenöl

- 1 Tasse Estragon Weinessig

- $\frac{3}{4}$ Tasse trockener Weißwein

- $\frac{1}{2}$ Teelöffel trockener Senf

- Getrocknetes Basilikum, Estragon, Oregano & weißer Pfeffer

- Öl zum braten

- Salz Pfeffer

- 1 kleine Tomate

- $\frac{1}{2}$ mittelgrüner Paprika

- $\frac{1}{2}$ klein   Zwiebel in dünne Ringe geschnitten

a) Hähnchen in Maisstärke mit 2 Teelöffeln Salz und weißem Pfeffer ausbaggern.

b) Erhitzen Sie das Öl in einer schweren Pfanne bis zu einer Tiefe von $\frac{1}{2}$ Zoll und braten Sie das Huhn goldbraun und zart, etwa 7 Minuten auf jeder Seite.

c) Für das Dressing Öl, Essig, Wein, Knoblauch, Senf, Zucker, Basilikum, Oregano und Estragon mischen. Mit Salz und Pfeffer abschmecken.

d) Tomatenscheiben, Paprika und Zwiebelscheiben mit Dressing vermischen und gut mischen.

29. Oeufs en meurette

Zutat

- Schalotten; 6 geschält

- 2½ Tasse Beaujolais Wein; Plus

- 1 Esslöffel Beaujolais Wein

- 2,00 weiße Pilze; geviertelt

- 3,00 Scheiben Speck; 2 grob gehackt

- 4,00 Scheiben französisches Brot

- 3,00 Esslöffel Butter; erweicht

- 2,00 Knoblauchzehen; 1 ganz, zerschlagen,

- Plus 1 fein gehackt

- 1,00 Lorbeerblatt

- $\frac{1}{2}$ Tasse Hühnerbrühe

- $1\frac{1}{4}$ Esslöffel Mehl

- 1,00 Esslöffel   Rotweinessig

- 4,00 große Eier

- 1,00 Esslöffel   Petersilie

a) Schalotten braten, bis sie gut gebräunt sind, und mit einer halben Tasse Wein begießen. Pilze in die Pfanne geben; 5 Minuten unter den heißen Grill stellen, grob gehackten Speck hinzufügen und grillen.

b) Croutes zubereiten: Brotscheiben mit zerdrückter Knoblauchzehe einreiben und auf das Backblech legen. Grillen.

c) Eier 2 Minuten pochieren, bis sie gerade fest sind.

d) Eier mit Sauce übergießen, mit Petersilie bestreuen und sofort servieren.

30. Rotwein-Pilz-Risotto

Zutat

- 1 Unze Steinpilze; getrocknet

- 2 Tassen kochendes Wasser

- 1½ Pfund Pilze; Cremini oder Weiß

- 6 Esslöffel ungesalzene Butter

- 5½ Tasse Hühnerbrühe

- 6 Unzen   Speck; 1/4 Zoll dick

- 1 Tasse Zwiebel; fein gehackt

- Frischer Rosmarin & Salbei

- 3 Tassen Arborio Reis

- 2 Tassen Trockener Rotwein

- 3 Esslöffel frische Petersilie; fein gehackt

- 1 Tasse Parmesan; frisch

a) In einer kleinen Schüssel die Steinpilze 30 Minuten in kochendem Wasser einweichen.

b) Pancetta bei mäßiger Hitze kochen. Fügen Sie reservierte fein gehackte Cremini oder weiße Pilze, restliche Esslöffel Butter, Zwiebel, Rosmarin, Salbei sowie Salz und Pfeffer hinzu, um zu schmecken, während Sie rühren, bis die Zwiebel weich ist. Reis einrühren und kochen.

c) Fügen Sie 1 Tasse kochende Brühe hinzu und kochen Sie unter ständigem Rühren, bis es absorbiert ist.

31. Rotwein Gazpacho

Zutat

- 2 Scheiben   Weißbrot

- 1 Tasse   Kaltes Wasser; bei Bedarf mehr

- 1 Pfund   Sehr reife große Tomaten

- 1   rote Paprika

180

- 1 Medium Gurke

- 1   Knoblauchzehe

- $\frac{1}{4}$ Tasse   Olivenöl

- $\frac{1}{2}$ Tasse   Rotwein

- 3 Esslöffel   Rotweinessig; bei Bedarf mehr

- Salz und Pfeffer

- 1   Presst Zucker

- Eiswürfel; (Zum Servieren)

a) Das Brot in eine kleine Schüssel geben, über das Wasser gießen und einweichen lassen. Die Tomaten entkernen, quer schneiden und die Samen herausschöpfen. Schneiden Sie das Fleisch in große Stücke.

b) Das Gemüse in der Küchenmaschine in zwei Chargen pürieren und das Olivenöl und das eingeweichte Brot zur letzten Charge geben. Wein, Essig, Salz, Pfeffer und Zucker einrühren.

c) In Schüsseln geben, einen Eiswürfel hinzufügen und mit einem geknoteten Streifen Gurkenschale belegen.

32. Reis & Gemüse in Wein

Zutat

- 2 Esslöffel   Öl

- je 1   Zwiebel, gehackt

- 1 Medium Zucchini, gehackt

- 1 Medium Karotte, gehackt

- je 1   Stangensellerie, gehackt

- 1 Tasse   Langkornreis

- $1\frac{1}{4}$ Tasse Gemüsebrühe

- 1 Tasse   Weißwein

a) Das Öl in einem Topf erhitzen und die Zwiebel anbraten. Fügen Sie den Rest des Gemüses hinzu und rühren Sie es bei mittlerer Hitze, bis es leicht gebräunt ist.

b) Reis, Gemüsebrühe und Weißwein hinzufügen, abdecken und 15-20 Minuten kochen, bis die gesamte Flüssigkeit aufgenommen ist.

33. Baby Lachs gefüllt mit Kaviar

Zutat

- ½ Tasse Öl, Oliven

- 1 Pfund   Knochen, Lachs

- 1 Pfund   Butter

- 2 Tassen Mirepoix

- 4   Lorbeerblätter

- Oregano, Thymian, Pfefferkörner, weiß

- 4 Esslöffel Püree, Schalotte

- $\frac{1}{4}$ Tasse Cognac

- 2 Tassen Wein, rot

- 1 Tasse Brühe, Fisch

a) In einer Bratpfanne das Olivenöl erhitzen.

b) Die Lachsknochen in die Pfanne geben und ca. 1 Minute anbraten.

c) Fügen Sie Butter (ca. 2 Esslöffel), 1 Tasse Mirepoix, 2 Lorbeerblätter, $\frac{1}{4}$ Teelöffel Thymian, $\frac{1}{4}$ Teelöffel Pfefferkörner und 2 Esslöffel Schalottenpüree hinzu. Cognac und Flamme hinzufügen.

d) Mit 1 Tasse Rotwein ablöschen und bei starker Hitze 5 bis 10 Minuten kochen lassen.

e) Butter schmelzen. Fügen Sie 2 Esslöffel Schalottenpüree, 1 Tasse Mirepoix, 2 Lorbeerblätter, $\frac{1}{4}$ Teelöffel Pfefferkörner, $\frac{1}{4}$ Teelöffel Oregano, $\frac{1}{4}$ Teelöffel Thymian und 3 Tassen Rotwein hinzu.

f) Stralaze Strain und Reserve.

34. Knoblauch-Wein-Reis-Pilaw

Zutat

- 1 Rind von 1 Zitrone

- 8 Knoblauchzehen, geschält

- $\frac{1}{2}$ Tasse Petersilie

- 6 Esslöffel   Ungesalzene Butter

- 1 Tasse normaler Reis (nicht sofort)

- $1\frac{1}{4}$ Tasse Hühnerbrühe

- $\frac{3}{4}$ Tasse trockener Wermut

- 1 Salz & Pfeffer nach Geschmack

a) Zitronenschale, Knoblauch und Petersilie zusammen hacken.

b) Erhitzen Sie die Butter in einem schweren 2-qt-Topf. Die Knoblauchmischung 10 Minuten lang sehr vorsichtig kochen. Reis einrühren.

c) Bei mittlerer Hitze 2 Minuten rühren. Brühe und Wein in einem Topf vermengen. Reis einrühren; Salz und frisch gemahlenen Pfeffer hinzufügen.

d) Drapieren Sie ein Handtuch über den Topf und decken Sie das Handtuch ab, bis es Zeit zum Servieren ist.

e) Heiß oder bei Raumtemperatur servieren.

35. Baskische Lammleber mit Rotweinsauce

Zutat

- 1 Tasse trockener Rotwein

- 1 Esslöffel Rotweinessig

- 2 Teelöffel gehackter frischer Knoblauch

- 1   Lorbeerblatt

- $\frac{1}{4}$ Teelöffel Salz

- 1 Pfund   Lammleber

- 3 Esslöffel spanisches Olivenöl

- 3 Scheiben   Speck, gehackt

- 3 Esslöffel Fein gehackter Italiener

- Petersilie

a) Kombinieren Sie Wein, Essig, Knoblauch, Lorbeer und Salz in einer Glasbackform. Leber hinzufügen und gut mit Marinade bestreichen.

b) Fügen Sie Speck hinzu und kochen Sie, bis gebräunt und knusprig. Auf Papiertüchern abtropfen lassen.

c) Die Leber aus der Marinade nehmen und trocken tupfen. Braune Leber in Pfannentropfen für 2 Minuten auf jeder Seite. Auf erhitzte Platte legen.

d) Gießen Sie die Marinade in eine heiße Pfanne und kochen Sie sie unbedeckt, bis sie halbiert ist. Speckstücke über die Leber streuen, Marinade darüber gießen und mit Petersilie bestreuen.

36. In Barolo-Wein geschmortes Rindfleisch

Zutat

- 2 Knoblauchzehe, gehackt

- 3½ Pfund Rindfleisch, Bottom Round oder Chuck

- Salz Pfeffer

- 2 Lorbeerblätter, frisch oder getrocknet

- Thymian, getrocknet, Prise

- 5 Tassen Wein, Barolo

- 3 Esslöffel Butter

- 2 Esslöffel Olivenöl

- 1   Zwiebel, mittel, fein gehackt

- 1   Karotte, fein gehackt

- 1   Selleriestiel, fein gehackt

- $\frac{1}{2}$ Pfund   Pilze, weiß

a)   Knoblauch in Fleisch einreiben. Mit Salz und Pfeffer würzen. Legen Sie das Fleisch in eine große Schüssel. Fügen Sie Lorbeerblätter, Thymian und genug Wein hinzu, um Fleisch zu bedecken.

b)   2 Esslöffel Butter mit Öl in einem großen, schweren Auflauf schmelzen. Wenn Butter schäumt, fügen Sie Fleisch hinzu. Bei mittlerer Hitze das Fleisch von allen Seiten anbraten.

c)   Fleisch aus dem Auflauf nehmen. Zwiebel, Karotte und Sellerie in den Auflauf geben. Sautieren, bis sie leicht gebräunt sind. Das Fleisch wieder in den Auflauf geben. Gießen Sie die reservierte Marinade durch ein Sieb über das Fleisch.

d)   1 Esslöffel Butter in einer mittelgroßen Pfanne schmelzen. Pilze bei starker Hitze goldbraun anbraten. Fügen Sie Pilze zum Fleisch hinzu und kochen Sie 5 Minuten länger.

37. Geschmorte Scrod in Weißwein

Zutat

- $\frac{3}{4}$ Tasse Olivenöl; Plus

- 2,00 Esslöffel Olivenöl

- $1\frac{1}{2}$ Pfund Scrod-Filets; 2x 2 Stücke schneiden

- $\frac{1}{4}$ Tasse Mehl zum Ausbaggern; gewürzt mit

- 1,00 Teelöffel Bayou Explosion

- 1,00 Teelöffel gehackter Knoblauch

- ½ Tasse Birnen- oder Kirschtomaten

- ¼ Tasse Kalamata-Oliven; geschnitten

- 2,00 Tasse   lose verpackte Oreganoblätter

- ¼ Tasse trockener Weißwein

- 1,00 Teelöffel gehackte Zitronenschale

a) Die Fischstücke in das gewürzte Mehl eintauchen und den Überschuss abschütteln.

b) Legen Sie alle Fischstücke vorsichtig in das heiße Öl und kochen Sie sie 2 Minuten lang.

c) In einer großen Bratpfanne die restlichen 2 Esslöffel Olivenöl bei mittlerer Hitze erhitzen. Gehackten Knoblauch hinzufügen und 30 Sekunden kochen lassen. Legen Sie den Fisch mit Tomaten, Kalamata-Oliven, frischem Oregano, Weißwein, Zitronenschale, Wasser sowie Salz und Pfeffer in die Pfanne.

d) Abdecken und 5 Minuten bei mittlerer Hitze kochen lassen. Die Sauce über den Fisch geben.

38. Calamari in Umido

Zutat

- 16 kleine Calamari, frisch

- $\frac{1}{4}$ Tasse Olivenöl, extra vergine

- 1 Esslöffel Zwiebel; gehackt

- $\frac{1}{2}$ Esslöffel Knoblauch; gehackt

- $\frac{1}{4}$ Teelöffel roter Pfeffer; zerquetscht

- ⅓Tasse Chardonnay

- $\frac{1}{4}$ Tasse Fischbrühe

- 3 Stück   Petersilienzweige, italienisch; gehackt

- Salz Pfeffer

a) Reinigen und schälen Sie den Tintenfisch, falls dies noch nicht auf dem Fischmarkt geschehen ist. Das Olivenöl in einer Pfanne bei mittlerer Hitze erhitzen.

b) Die Zwiebel, den Knoblauch und den zerkleinerten roten Pfeffer 30 Sekunden lang bei mittlerer Hitze anbraten, dann die geschnittenen Calamari und alle anderen Zutaten hinzufügen.

c) Die Pfanne zum Kochen bringen und etwa drei Minuten köcheln lassen, bis die Sauce um etwa ein Drittel reduziert ist. Serviert zwei Vorspeisen oder vier Vorspeisen.

39. Geschmorte Ochsenschwänze mit Rotwein

Zutat

- 6 Pfund   Ochsenschwänze

- 6 Tassen Rotwein

- ½ Tasse Rotweinessig

- 3 Tassen Cipollini Zwiebeln oder Perlzwiebeln

- 1½ Tasse Sellerie, in Scheiben geschnitten

- 2 Tassen Karotten, in Scheiben geschnitten

- 1 Teelöffel Wacholderbeeren

- ½ Teelöffel schwarze Pfefferkörner

- Koscheres Salz, schwarzer Pfeffer

- ⅓ Tasse Mehl

- ¼ Tasse Olivenöl

- ⅓ Tasse Tomatenmark

- 2 Esslöffel Petersilie

a) Legen Sie die Ochsenschwänze in eine große, nicht reaktive Schüssel. Fügen Sie den Wein, Essig, Cipollini-Zwiebeln, Sellerie, Karotten, Wacholderbeeren, Pfefferkörner und Petersilie hinzu.

b) Die Ochsenschwänze von allen Seiten 10 bis 15 Minuten in Öl anbraten.

c) Die Ochsenschwänze mit Marinade, Wacholderbeeren, Pfefferkörnern und 2 Tassen Wasser in die Pfanne geben. Die Tomatenmark einrühren, bis sie sich aufgelöst hat. Bedeckt und 2 Stunden backen.

d) Fügen Sie das reservierte Gemüse hinzu. Köcheln lassen und die Gewürze anpassen

40. Fisch im Weinauflauf

Zutat

- 2 Esslöffel Butter oder Margarine

- 1 Medium Zwiebel, dünn geschnitten

- $\frac{1}{2}$ Tasse trockener Weißwein

- 2 Pfund Heilbuttfilets

- Milch

- 3 Esslöffel Mehl

- Salz Pfeffer

- $8\frac{1}{2}$ Unzen Kann kleine Erbsen abtropfen lassen

- $1\frac{1}{2}$ Tasse chinesische gebratene Nudeln

a) Butter schmelzen. Fügen Sie Zwiebel hinzu und erhitzen Sie, unbedeckt, im Mikrowellenherd, 3 Minuten. Wein und Fisch hinzufügen und erhitzen.

b) Lassen Sie die Pfannensäfte in einen Messbecher abtropfen und geben Sie genügend Milch hinzu, um die Pfannensäfte auf 2 Tassen zu bringen.

c) Die 3 Esslöffel Butter oder Margarine 30 Sekunden lang im Mikrowellenherd schmelzen.

d) Mehl, Salz und Pfeffer einrühren. Reservierte Fischflüssigkeitsmischung nach und nach einrühren.

e) Unbedeckt im Mikrowellenherd 6 Minuten unter häufigem Rühren erhitzen, bis sie eingedickt und glatt sind. Fügen Sie Erbsen zur Soße hinzu.

f) Fügen Sie dem Fisch im Auflauf Sauce hinzu und rühren Sie ihn vorsichtig um. Unbedeckt im

Mikrowellenherd 2 Minuten erhitzen. Nudeln über
Fisch streuen und erhitzen. Dienen

41. Mit Wein angereicherte gegrillte Schweinekoteletts

Zutat

- 2 Flaschen Holland House® Red Cooking Wine
- 1 Esslöffel gehackter frischer Rosmarin
- 3 Knoblauchzehen, gehackt
- ⅓Tasse verpackter brauner Zucker
- 1 ½ Teelöffel Speisesalz *
- 1 Teelöffel frisch gemahlener Pfeffer

- 4 (8 Unzen) mittig geschnittene Schweinekoteletts, 3/4 Zoll dick
- 1 Teelöffel Ancho Chilipulver **

Richtungen

a) Gießen Sie den kochenden Wein in einen nichtmetallischen Behälter. Fügen Sie Zucker, Salz und Pfeffer hinzu; rühren, bis sich Zucker und Salz aufgelöst haben. Den abgekühlten Geschmacksaufguss einrühren.

b) Legen Sie die Schweinekoteletts so in Salzlake, dass sie vollständig eingetaucht sind.

c) Den Grill auf mittlere bis niedrige Hitze vorheizen, 325-350 Grad F.

d) 10 Minuten grillen; drehen und 4-6 Minuten grillen.

e) Entfernen, mit Folie abdecken und 5 Minuten vor dem Servieren ruhen lassen.

INFUSIERTE GETRÄNKE

42. Mit grünem Tee übergossener Wein

ZUTATEN:

- 8 gehäufte Teelöffel loser grüner Tee
- 1 Flasche (750 ml) Sauvignon Blanc
- Einfacher Sirup - Optional
- Sodawasser oder Limonade - Optional

Richtungen:

a) Die Teeblätter direkt in die Flasche Wein geben. Der einfachste Weg, dies zu tun, ist die Verwendung eines kleinen Trichters, damit die Blätter nicht überall hingehen.

b) Stecken Sie den Korken wieder ein oder verwenden Sie einen Flaschenstopp und stellen Sie ihn über Nacht oder für mindestens 8 Stunden in den Kühlschrank.

c) Wenn Sie bereit sind, den Wein zu trinken, die Blätter mit einem Sieb abseihen und neu abfüllen.

d) Fügen Sie nach Belieben einfachen Sirup und Soda oder Limonade hinzu - optional.

43. Erfrischender Wein Daiquiri

Zutat

- 1 Dose (6 Unzen) gefrorene Limonade

- 1 Packung (10 Unzen) gefrorene Erdbeeren; leicht
  aufgetaut

- 12 Unzen Weißwein

- Eiswürfel

a) Limonade, Erdbeeren und Wein in den Mixer geben.

b) Leicht mischen. Fügen Sie Eiswürfel hinzu und mischen Sie weiter, bis die gewünschte Konsistenz erreicht ist.

44. Melonen-Erdbeer-Cocktail

Zutat

- 1 Charentals Oregon Melone

- 250 Gramm Erdbeeren; gewaschen

- 2 Teelöffel Puderzucker

- 425 Milliliter   Trockener Weißwein oder Sekt

- 2 Zweige Minze

- 1 Teelöffel schwarzer Pfeffer; zerquetscht

● Orangensaft

a) Schneiden Sie die Melone in Stücke und entfernen Sie die Samen. Erdbeeren halbieren und in eine Schüssel geben. Melonenkugeln mit Parsienne-Cutter entfernen und in die Schüssel geben. Über den Puderzucker, die gehackte Minze und den schwarzen Pfeffer streuen.

b) Orangensaft und Wein darüber gießen. Vorsichtig umrühren und 30 Minuten bis 1 Stunde im Kühlschrank lagern.

c) Legen Sie den Cocktail zur Präsentation in die Melonenschalen oder in ein Präsentationsglas.

45. Jeweled Wein schimmert

Zutat

- 1 großes Zitronengelee

- 1 Tasse Wasser, kochend

- 1 Tasse Wasser, kalt

- 2 Tassen Roséwein

- $\frac{1}{2}$ Tasse kernlose grüne Trauben

- $\frac{1}{2}$ Tasse frische Blaubeeren

- 11 Unzen Mandarinen-Segmente, abgetropft

● Salatblätter

a) In einer großen Schüssel Jello in kochendem
Wasser auflösen; kaltes Wasser und Wein
einrühren. Kühlen Sie, bis es eingedickt, aber nicht
fest ist, ungefähr 1 $\frac{1}{2}$ Stunden. Trauben,
Blaubeeren und Mandarinen-Segmente unterheben.

b) In einzelne Formen oder eine geölte 6-Tassen-Form
gießen. Kühlen Sie ungefähr 4 Stunden oder bis
fest. Zum Servieren auf mit Salat ausgekleideten
Serviertellern ausformen.

46. Rosmarinwein & schwarzer Tee

Zutat

- 1 Flaschenrotwein; ODER ... anderer vollmundiger Rotwein

- 1 Liter Schwarztee-Präferenz. Assam oder Darjeeling

- $\frac{1}{4}$ Tasse Milder Honig

- ⅓ Tasse Zucker; oder nach Geschmack

- 2 Orangen in dünne Scheiben geschnitten und entkernt

- 2 Zimtstangen (3 Zoll)

- 6 Ganze Nelken

- 3 Rosmarinzweige

a) Gießen Sie den Wein und den Tee in einen nicht korrodierbaren Topf. Fügen Sie den Honig, Zucker, Orangen, Gewürze und Rosmarin hinzu. Bei schwacher Hitze kaum dämpfen. Rühren, bis sich der Honig aufgelöst hat.

b) Nehmen Sie die Pfanne vom Herd, decken Sie sie ab und lassen Sie sie mindestens 30 Minuten lang stehen. Wenn Sie fertig sind, erhitzen Sie es bis es nur noch dämpft und servieren Sie es heiß

47. Earl Grey Tea Spritzer

Zutaten

- 2 Teebeutel Numi Aged Earl Grey
- 1 Körbchen Blaubeeren
- Ein paar Zweige frische Minze
- $\frac{1}{2}$ Tasse Agavensirup
- 1 Flasche Sekt
- 1 Tablett Eiswürfel

Richtungen

a) Bringen Sie zwei Tassen Wasser zum Kochen und
   fügen Sie die Teebeutel hinzu. Lassen Sie sie 10
   Minuten ziehen und geben Sie den Agavensirup in
   die Mischung.

b) Rühren Sie ein Tablett mit Eiswürfeln in die
   Mischung und stellen Sie es in den Kühlschrank, bis
   es abgekühlt ist.

c) Nach dem Abkühlen die Minze und die Blaubeeren
   nach Belieben und den Sekt hinzufügen und in einem
   Krug verrühren.

d) Genießen!

48. Mit Wein angereicherte heiße Schokolade

ZUTATEN

- $\frac{1}{2}$ Tasse Vollmilch
- $\frac{1}{2}$ Tasse halb und halb - durch gleiche Teile
  Vollmilch und leicht eingedickte Sahne ersetzen,
  falls nicht verfügbar
- $\frac{1}{4}$ Tasse / 45 g dunkle Schokoladenstückchen
- $\frac{1}{2}$ Tasse trockener Rotwein - vorzugsweise
  Shiraz
- Ein paar Tropfen Vanilleextrakt

- 1 EL / 15 ml Zucker
- Winzige Prise Salz

Richtungen:

a) Kombinieren Sie die Vollmilch, die Hälfte und die Hälfte, dunkle Schokoladenknöpfe / -chips, Vanilleextrakt und Salz in einem Topf bei schwacher Hitze.

b) Ständig umrühren, damit die Schokolade am Boden nicht verbrennt, bis sie sich vollständig aufgelöst hat. Sobald es schön heiß ist, nehmen Sie es vom Herd und gießen Sie den Vino hinein. Gut mischen.

c) Probieren Sie die heiße Schokolade und passen Sie die Süße mit Zucker an. In einen Becher mit heißer Schokolade gießen und sofort servieren.

49. Cranberry-Wein-Punsch

Zutat

- 1½ Liter Cranberry-Saft-Cocktail; gekühlt

- 4 Tassen Burgund oder anderer trockener Rotwein;
gekühlt

- 2 Tassen Ungesüßter Orangensaft; gekühlt

- Orangenscheiben; (Optional)

a) Kombinieren Sie die ersten 3 Zutaten in einer großen Schüssel; gut umrühren.

b) Nach Belieben mit Orangenscheiben garnieren.

FAZIT

Moderne Rezepthersteller verbringen viel Zeit damit, hausgemachte Aufgüsse, Tinkturen und mit Wein angereicherte Gerichte zu bewerben. Und das aus gutem Grund: Mit benutzerdefinierten Sirupen und Likören können Bars Cocktails kreieren, die nicht immer repliziert werden können. Für Bar-Manager und - Eigentümer, die das Beste aus den geringen operativen Margen herausholen möchten, ist es billiger, mit übrig gebliebenen Zutaten aus der Küche eines Restaurants etwas „Maßgeschneidertes" zu machen, als für vorgefertigte kommerzielle Angebote zu bezahlen.

Die meisten Zutaten können zum Aufgießen mit Wein verwendet werden. Zutaten mit natürlichem Wassergehalt wie frisches Obst weisen jedoch tendenziell eine bessere Leistung auf.

Sie haben jedoch die Wahl, und das Experimentieren ist Teil des Spaßes. Was auch immer Sie versuchen, die Ergebnisse werden erfreulich sein!

Lightning Source UK Ltd.
Milton Keynes UK
UKHW020631030122
396538UK00006B/27

9 781803 505251